Minikuchen & Torten

MOEWIG

Inhaltsübersicht

VPM Verlagsunion Pabel Moewig KG, Rastatt

Fotos: Ceres Verlag
Printed in Germany 1999
ISBN 3-8118-1534-2

Kuchen vom Backblech & Schnitten

Brownies mit Kirschen

	Für den Teig
250 g Weizenmehl	mit
2 gestr. TL Backpulver	mischen, in eine Rührschüssel sieben
150 g Butter	schmelzen
125 g geriebene Bitterschokolade	darin auflösen, unter das Mehl mischen
4 Eier	verrühren, untermischen
200 g Zucker	
1 Pck. Vanillin-Zucker	
150 g gehackte Walnußkerne	zugeben
400 g Sauerkirschen	waschen, entstielen, halbieren, entsteinen, mit
2 EL Kirschwasser	in den Teig geben
	den Teig auf kleines gefettetes, mit Zucker bestreutes Backblech (Außenmaße 40 x 26 cm) geben, glattstreichen, mit
25 g Raspelschokolade	bestreuen, auf dem Rost in den Backofen schieben
Ober-/Unterhitze	etwa 180 °C (vorgeheizt)
Heißluft	etwa 160 °C (nicht vorgeheizt)
Gas	etwa Stufe 3 (vorgeheizt)
Backzeit	etwa 30 Minuten
	nach dem Erkalten in kleine Würfel schneiden.

Bunte Blätterteigschnitten

1 Pck. (450 g) TK-Blätterteig	nach Packungsanleitung auftauen lassen, mit
Wasser	bestreichen, auf ein mit kaltem Wasser abgespültes Backblech legen, in den Backofen schieben
Ober-/Unterhitze	etwa 220 °C (vorgeheizt)
Heißluft	etwa 200 °C (nicht vorgeheizt)
Gas	Stufe 4–5 (vorgeheizt)
Backzeit	10–12 Minuten
	das Gebäck abkühlen lassen, halbieren, quer durchschneiden.
	Für den Belag
5 Blatt weiße Gelatine	etwa 10 Minuten in kaltem Wasser einweichen, gut ausdrücken
30 ml Orangensaft	erhitzen, die Gelatine unter Rühren darin auflösen, abkühlen lassen

200 ml Schlagsahne mit
50 g Zucker steif schlagen, nach und nach unter die Gelatinelösung rühren
100 g Mangostückchen mit
100 g Bananenscheiben
je 100 g vorbereiteten
Johannis- und Brombeeren unter die Orangen-Sahne heben (etwas zum Garnieren zurücklassen), die Blätterteigschnitten mit der Obst-Sahne füllen, beliebig garnieren.

Kirschkuchen vom Blech

Für den Teig
5 Platten TK-Blätterteig nebeneinander auftauen lassen, an den Seiten gut 1 cm übereinanderlegen, zur Backblechgröße ausrollen
ein kleines Backblech (Außenmaße 40 x 26 cm) mit Wasser abspülen, mit Blätterteig bis zum oberen Rand auslegen
Teig mehrmals mit einer Gabel einstechen, auf dem Rost in den Backofen schieben
Ober-/Unterhitze etwa 200 °C (vorgeheizt)
Heißluft etwa 180 °C (nicht vorgeheizt)
Gas Stufe 3–4 (vorgeheizt)
Backzeit etwa 10 Minuten.

Für den Belag
2 Eigelb mit
250 g Speisequark
100 g Zucker
250 g Mascarpone
1 EL Zitronensaft
1 EL Rum
1 Pck. Saucen-Pulver
Vanille-Geschmack verrühren
2 Eiweiß steif schlagen, unterheben, die Creme auf den Blätterteig streichen
500 g Süßkirschen waschen, putzen, entsteinen, auf der Creme verteilen
Ober-/Unterhitze etwa 180 °C (vorgeheizt)
Heißluft etwa 160 °C (nicht vorgeheizt)
Gas etwa Stufe 3 (vorgeheizt)
Backzeit etwa 30 Minuten
Kuchen nach dem Backen mit Puderzucker bestäuben.

Butterkuchen

	Für den Teig
275 g Weizenmehl	in eine Rührschüssel sieben, mit
1 Pck. Trockenhefe	sorgfältig vermischen
50 g Zucker	
1 Pck. Vanillin-Zucker	
1 Prise Salz	
1 Ei (Größe M)	
100 ml lauwarme Milch	
75 g zerlassene, abgekühlte Butter	hinzufügen die Zutaten mit Handrührgerät mit Knethaken zunächst auf niedrigster, dann auf höchster Stufe in etwa 5 Minuten zu einem Teig verarbeiten den Teig zugedeckt so lange an einem warmen Ort stehen lassen, bis er sich sichtbar vergrößert hat, ihn leicht mit Mehl bestäuben, aus der Schüssel nehmen, auf der Arbeitsfläche nochmals kurz durchkneten den Teig auf einem kleinen, gefetteten Backblech (Außenmaße 40 x 26 cm) ausrollen
	Für den Belag
75 g Butter	in Flöckchen gleichmäßig auf den Teig setzen (vorher Vertiefungen in den Teig drücken) oder zerlassen darauf streichen
50 g Zucker	mit
1 Pck. Vanillin-Zucker	mischen, darüberstreuen
100 g abgezogene, gehobelte Mandeln	gleichmäßig darüber verteilen, den Teig nochmals so lange an einem warmen Ort gehen lassen, bis er sich sichtbar vergrößert hat
Ober-/Unterhitze	200–220 °C (vorgeheizt)
Heißluft	180–200 °C (vorgeheizt)
Gas	Stufe 3–4 (vorgeheizt)
Backzeit	etwa 15 Minuten Kuchen auf dem Backblech abkühlen lassen, dann in Portionsstücke schneiden.
Tip	
125 ml (1/8 l) Schlagsahne	steif schlagen, sofort nach dem Backen gleichmäßig auf den Butterkuchen streichen.

Fürst-Pückler-Eisschnitten

	Für den Teig
1 Ei	
1 EL heißes Wasser	mit einem Handrührgerät mit Rührbesen auf höchster Stufe in 1 Minute schaumig schlagen
40 g Zucker	mit
1 Pck. Vanillin-Zucker	mischen, während 1 Minute einstreuen, dann noch etwa 2 Minuten schlagen
30 g Weizenmehl	mit
20 g Speisestärke	
1 Msp. Backpulver	mischen, die Hälfte davon auf die Eiercreme sieben, kurz auf niedrigster Stufe unterrühren, den Rest des Mehl-Gemisches auf dieselbe Weise unterarbeiten den Teig auf ein mit Backpapier belegtes Backblech in der Größe von 32 x 11 cm streichen, an der offenen Seite des Backblechs das Papier unmittelbar vor dem Teig zu einer Falte knicken, so daß ein Rand entsteht, sofort backen
Ober-/Unterhitze	200–220 °C (vorgeheizt)
Heißluft	–
Gas	Stufe 3–4 (vorgeheizt)
Backzeit	etwa 12 Minuten sofort nach dem Backen den Biskuit auf ein mit Zucker bestreutes Papier stürzen, das Pergamentpapier mit kaltem Wasser bestreichen, vorsichtig, aber schnell abziehen.
	Für die Füllung
250 ml (¼ l) Schlagsahne	½ Minute schlagen
25 g Puderzucker	sieben, mit
1 Pck. Sahnesteif	mischen, unter ständigem Schlagen einstreuen, die Sahne steif schlagen den erkalteten Biskuit in 2 Streifen von 11 x 16 cm schneiden, den einen Streifen mit knapp ⅓ der Schlagsahne bestreichen
1 Pck. Fürst-Pückler-Eis	darauf legen, ebenfalls mit knapp ⅓ der Schlagsahne bestreichen, den anderen Gebäckstreifen darauf legen, das ganze Gebäck mit der restlichen Sahne bestreichen, die obere Seite mit
grob geraspelter Schokolade	bestreuen, das Gebäck einige Stunden in das Gefrierfach des Kühlschranks stellen.

Herrenschnitten

	Für den Knetteig
100 g Weizenmehl	mit
1 Msp. Backpulver	mischen, in eine Rührschüssel sieben
25 g Zucker	
1 Pck. Vanillin-Zucker	
75 g weiche Butter	hinzufügen, die Zutaten mit einem Handrührgerät mit Knethaken zunächst kurz auf niedrigster, dann auf höchster Stufe gut durcharbeiten, anschließend auf der bemehlten Arbeitsfläche zu einem glatten Teig verkneten (sollte er kleben, ihn eine Zeitlang kalt stellen) den Teig in der Größe von 40 x 13 cm auf einem gefetteten Backblech ausrollen, mehrmals mit einer Gabel einstechen, in den Backofen schieben
Ober-/Unterhitze	200–220 °C (vorgeheizt)
Heißluft	180–200 °C (nicht vorgeheizt)
Gas	Stufe 3–4 (vorgeheizt)
Backzeit	etwa 10 Minuten das Gebäck sofort nach dem Backen vom Blech lösen, darauf erkalten lassen.
	Für den Biskuitteig
2 Eier	
2–3 EL heißes Wasser	mit einem Handrührgerät mit Rührbesen auf höchster Stufe in 1 Minute schaumig schlagen
85 g Zucker	mit
1 Pck. Vanillin-Zucker	mischen, in 1 Minute einstreuen, dann noch etwa 2 Minuten schlagen
50 g Weizenmehl	mit
50 g Speisestärke	
15 g Kakao	
1½ gestr. TL Backpulver	mischen, die Hälfte davon auf die Eiercreme sieben, kurz auf niedrigster Stufe unterrühren, den Rest des Mehl-Gemisches auf dieselbe Weise unterarbeiten den Teig auf ein gefettetes, mit Backpapier belegtes Backblech (40 x 13 cm) streichen, an der offenen Seite des Blechs das Papier unmittelbar vor dem Teig zur Falte knicken, so daß ein Rand entsteht, im Backofen sofort backen

Ober-/Unterhitze 180–200 °C (vorgeheizt)
Heißluft –
Gas Stufe 3–4 (vorgeheizt)
Backzeit 20–25 Minuten

sofort nach dem Backen den Biskuit auf ein mit Zukker bestreutes Papier stürzen, das Backpapier mit kaltem Wasser bestreichen, vorsichtig, aber schnell abziehen, den Biskuit gut auskühlen lassen.

Für die Füllung

425 g Preiselbeeren (aus dem Glas) abtropfen lassen, den Saft auf 250 ml (1/4 l) auffüllen (evtl. mit Wasser ergänzen).

Für den Guß

aus

1 Pck. Tortenguß, klar
25 g Zucker
250 ml (1/4 l) Preiselbeersaft nach Packungsanleitung einen Tortenguß zubereiten, die Preiselbeeren unterheben (einige zum Garnieren zurücklassen), gut 5 Minuten abkühlen lassen

den Knetteigboden gleichmäßig mit der Preiselbeermasse bestreichen, den Biskuit einmal durchschneiden, die untere Hälfte auf die Preiselbeermasse legen, gut andrücken

500 ml (1/2 l) Schlagsahne 1/2 Minute schlagen
50 g Puderzucker sieben, mit
2 Pck. Sahnesteif mischen, einstreuen, die Sahne steif schlagen, die Hälfte der Sahne auf den unteren Biskuitboden streichen, mit dem oberen bedecken, gut andrücken, die obere Seite des Gebäcks dünn mit Sahne bestreichen, das Gebäck in 15 Schnitten schneiden, diese mit der restlichen Sahne verzieren, mit den restlichen Preiselbeeren garnieren.

Himbeer-Creme-Schnitten

	Für den Biskuitteig
4 Eier	mit
2 EL heißem Wasser	mit einem Handrührgerät mit Rührbesen auf höchster Stufe in 1 Minute schaumig schlagen
125 g Zucker	
1 Pck. Vanillin-Zucker	in einer Minute einstreuen, dann noch etwa 2 Minuten schlagen
75 g Weizenmehl	mit
50 g Speisestärke	
1 gestr. TL Backpulver	
20 g Kakao	mischen, die Hälfte davon auf die Eiercreme geben, kurz auf niedrigster Stufe unterrühren, den Rest des Mehl-Gemisches auf die gleiche Weise unterarbeiten
50 g zerlassene,	
abgekühlte Butter	vorsichtig unterrühren, den Teig auf ein gut gefettetes, mit Backpapier ausgelegtes Backblech streichen, an der offenen Seite des Blechs das Papier unmittelbar vor dem Teig zur Falte knicken, so daß ein Rand entsteht, das Backblech in den Backofen schieben
Ober-/Unterhitze	200–220 °C (vorgeheizt)
Heißluft	–
Gas	etwa Stufe 4 (vorgeheizt)
Backzeit	10–15 Minuten
	den Biskuit sofort nach dem Backen auf ein mit Zukker bestreutes Geschirrtuch stürzen, das Pergamentpapier mit kaltem Wasser bestreichen, vorsichtig, aber schnell abziehen, die Gebäckplatte erkalten lassen.
	Für die Himbeercreme
200 g Himbeeren	sorgfältig verlesen, pürieren
250 ml (¼ l) Schlagsahne	etwa ½ Minute schlagen
1 Pck. Sahnesteif	einstreuen, die Sahne steif schlagen
100 g weiche Butter	geschmeidig rühren, nach und nach
100 g gesiebten	
Puderzucker	unterrühren, danach abwechselnd portionsweise die Schlagsahne und das Himbeer-Püree unterrühren
	von der Gebäckplatte 2 Streifen von je etwa 9 cm Breite abschneiden, mit
Himbeer-Konfitüre	bestreichen, ¾ der Himbeer-Creme auf die restliche

Gebäckplatte streichen, diese in etwa 6 cm breite Streifen schneiden, hochkant nebeneinander auf eine der mit Konfitüre bestrichenen Platten setzen, mit der zweiten mit Konfitüre bestrichenen Platte abdecken und mit der restlichen Creme ganz bestreichen, mit

Schlagsahne verzieren, mit

Schokoladenraspeln

Himbeeren garnieren, kalt stellen, vor dem Verzehr in Schnitten schneiden.

Tip Die Himbeercreme-Schnitten können bereits 1 Tag vor dem Verzehr zubereitet werden. Dann sollte das Gebäck aber vor dem Garnieren ganz mit Schlagsahne bestrichen werden, damit die Himbeercreme nicht nachdunkeln kann.

Himbeer-Sekt-Spitzen

(etwa 16 Stück)

Für den Biskuitteig

2 Eier mit Handrührgerät mit Rührbesen auf höchster Stufe in 1 Minute schaumig schlagen

100 g Zucker mit

1 Pck. Vanillin-Zucker mischen, in 1 Minute einstreuen, dann noch etwa 2 Minuten schlagen

1 Pck. geriebene Zitronenschale

75 g Weizenmehl

½ gestr. TL Backpulver mischen, auf die Eiercreme sieben, kurz auf niedrigster Stufe unterrühren

30 g zerlassene, abgekühlte Butter unterrühren

Backrahmen (25 x 25 cm) auf ein mit Backpapier belegtes Backblech stellen, Biskuitmasse darin glattstreichen, sofort backen

Ober-/Unterhitze etwa 200 °C (vorgeheizt)

Heißluft etwa 180 °C (vorgeheizt)

Gas etwa Stufe 4 (vorgeheizt)

Backzeit etwa 15 Minuten

nach dem Backen die Biskuitplatte aus dem Backrahmen lösen, auf einen mit Backpapier belegten Kuchenrost stürzen, erkalten lassen, Backrahmen säubern, wieder um die Biskuitplatte stellen.

Für die Himbeerfüllung

4 Blatt rote Gelatine nach Packungsanleitung einweichen und auflösen
500 g Himbeeren verlesen (einige zum Garnieren zurücklassen), pürieren, mit
100 g Zucker
2 EL Himbeergeist und aufgelöster Gelatine verrühren
wenn die Füllung beginnt zu gelieren, sie auf die Biskuitplatte geben, glattstreichen.

Für die Sektcreme

250 g (1/4 l) Schlagsahne steif schlagen
2 Pck. Dessertpulver Aranca Zitrone nach Packungsanleitung – aber nur mit
400 ml trockenem Sekt anstelle des Wassers – aufschlagen, Aroma aus beiliegenden Kapseln unterrühren, Sahne unterheben, Creme gleichmäßig auf der Himbeerfüllung verteilen und 3 Stunden kalt stellen
Backrahmen lösen, Kuchen zuerst in vier gleich große Streifen schneiden, diese dann in der Mitte halbieren und jedes Stück diagonal in jeweils 2 spitze Tortenstücke teilen, mit übrigen Himbeeren und
Schokoladenornamenten garnieren.

Kieler Schnitten

Für den Knetteig

300 g Weizenmehl mit
1 gestr. TL Backpulver mischen, in eine Rührschüssel sieben
75 g gesiebten Puderzucker
1 Pck. Vanillin-Zucker
1 gestr. TL gemahlenen Zimt
1 Ei
Salz
200 g weiche Butter
100 g abgezogene, gemahlene, geröstete Mandeln hinzufügen, die Zutaten mit einem Handrührgerät mit Knethaken zunächst kurz auf niedrigster, dann auf höchster Stufe gut durcharbeiten, anschließend auf der

bemehlten Arbeitsfläche zu einem glatten Teig verkneten

den Teig etwa 3 mm dick ausrollen, in 6 Streifen von etwa 12 x 28 cm schneiden, die Teigstreifen auf ein gefettetes, mit Backpapier belegtes Backblech legen, das Backblech in den Backofen schieben

Ober-/Unterhitze etwa 200 °C (vorgeheizt)
Heißluft etwa 180 °C (nicht vorgeheizt)
Gas Stufe 3–4 (vorgeheizt)
Backzeit etwa 12 Minuten

die gebackenen Gebäckstreifen erkalten lassen

4 Gebäckstreifen mit
Himbeer-Konfitüre bestreichen, jeweils 2 aufeinandersetzen, mit den 2 unbestrichenen Gebäckstreifen bedecken, etwas andrücken.

Für den Guß

2 EL Himbeer-Konfitüre durch ein Sieb streichen, jeweils den oberen Gebäckstreifen damit bestreichen

100 g gesiebten
Puderzucker mit
2–3 EL Rum verrühren, auf die mit Himbeer-Konfitüre bestrichenen Gebäckstreifen verteilen, glattstreichen (dabei soll sich die Konfitüre leicht mit dem Zuckerguß vermischen)

die Gebäckstreifen auf dem Backblech in den Backofen schieben, damit die mit Guß bestrichene Oberfläche etwas trocknet

Ober-/Unterhitze etwa 100 °C (vorgeheizt)
Heißluft etwa 80 °C (nicht vorgeheizt)
Gas etwa Stufe 1 (vorgeheizt)
Zeit zum Trocknen etwa 10 Minuten

die Gebäckstreifen mit

2 EL aufgelöster
Speisefettglasur besprenkeln, nach dem Erkalten in etwa 2 cm breite Schnitten schneiden.

Ananas-Marzipan-Kuchen, Rezept Seite 35

Bananenbrot, Rezept Seite 36

Marzipankuchen, Rezept Seite 46

Pistazien-Birnen-Kuchen, Rezept Seite 49

Kokoskuchen aus Thüringen

	Für den Teig
275 g Weizenmehl	in eine Rührschüssel sieben, mit
1 Pck. Trockenhefe	sorgfältig vermischen
50 g Zucker	
1 Pck. Vanillin-Zucker	
1 Prise Salz	
1 Ei (Größe M)	
100 ml lauwarme Milch	
75 g zerlassene, abgekühlte Butter oder Margarine	hinzufügen
	die Zutaten mit Handrührgerät mit Knethaken zunächst auf niedrigster, dann auf höchster Stufe in etwa 5 Minuten zu einem Teig verarbeiten, den Teig zugedeckt so lange an einem warmen Ort stehenlassen, bis er sich sichtbar vergrößert hat.
	Für den Kokosbelag
150 g Butter	zerlassen
100 g Zucker	
1 Pck. Vanillin-Zucker	hinzufügen, unter Rühren aufkochen lassen
150 g Kokosraspel	hinzufügen, unter Rühren leicht bräunen, erkalten lassen
2 Eier (Größe M)	unterrühren.
	Den gegangenen Teig leicht mit Mehl bestäuben, aus der Schüssel nehmen, auf der Arbeitsfläche nochmals kurz durchkneten
	den Teig auf einem kleinen, gefetteten Backblech (Außenmaße 40 x 26 cm) ausrollen, mit
10 g zerlassener Butter	bestreichen
Ober-/Unterhitze	200–220 °C (nicht vorgeheizt, unterste Einschubleiste)
Heißluft	170–180 °C (nicht vorgeheizt)
Gas	Stufe 4–5 (nicht vorgeheizt)
Backzeit	etwa 25 Minuten
	den noch heißen Kuchen mit
100 ml heißer Milch	bepinseln, erkalten lassen.
Tip	Den erkalteten Kuchen mit 30 g aufgelöster Schokolade besprenkeln.

Krümelkuchen mit Apfelfüllung

	Für den Teig
125 g Butter oder Margarine	mit Handrührgerät mit Rührbesen auf höchster Stufe geschmeidig rühren, nach und nach
100 g Zucker	
1 Pck. Vanillin-Zucker	
1 Prise Salz	unterrühren, so lange rühren, bis eine gebundene Masse entstanden ist
1 Ei (Größe L)	unterrühren (etwa ½ Minute)
250 g Weizenmehl	mit
½ Pck. Backpulver	mischen, sieben, die Hälfte portionsweise auf mittlerer Stufe unterrühren, den Rest des Mehls auf den Teig geben, mit Handrührgerät mit Knethaken zu einer krümeligen Masse verarbeiten.
	Für die Füllung
1 kg Äpfel	schälen, vierteln, entkernen, in kleine Stücke schneiden, mit
knapp 1 EL Wasser	
80 g Zucker	
20 g Butter	
1 Prise gemahlenem Zimt	
40 g Rosinen	unter Rühren dünsten, erkalten lassen, evtl. noch mit
Zucker	abschmecken
	die Hälfte des Teiges auf ein kleines, gefettetes Backblech (Außenmaße 40 x 26 cm) geben, gut andrücken, an den Rändern etwa ½ cm hochdrücken
	die Füllung gleichmäßig auf den Teig streichen, mit den restlichen Krümeln bestreuen
Ober-/Unterhitze	170–200 °C (vorgeheizt)
Heißluft	160–170 °C (nicht vorgeheizt)
Gas	Stufe 3–4 (nicht vorgeheizt)
Backzeit	35–45 Minuten.
Tip	Der Kuchen kann bereits einen Tag vor dem Verzehr gebacken werden.

Mandel-Schoko-Schnitten

	Für den Biskuitteig
4 Eier	mit
2–3 EL heißem Wasser	mit einem Handrührgerät mit Rührbesen auf höchster Stufe in 1 Minute schaumig schlagen
100 g Zucker	
1 Pck. Vanillin-Zucker	
50 g abgezogene, gemahlene Mandeln	
50 g Speisestärke	
50 g Semmelmehl	
50 g geriebene Schokolade	mischen, die Hälfte davon auf die Eiercreme geben, kurz auf niedrigster Stufe unterrühren, den Rest des Mehl-Gemisches auf dieselbe Weise unterarbeiten den Teig etwa 1 cm dick auf ein gefettetes, mit Pergamentpapier belegtes Backblech streichen, an der offenen Seite des Blechs das Papier unmittelbar vor dem Teig zur Falte knicken, so daß ein Rand entsteht das Backblech in den Backofen schieben
Ober-/Unterhitze	200–220 °C (vorgeheizt)
Heißluft	–
Gas	etwa Stufe 4 (vorgeheizt)
Backzeit	10–15 Minuten.
	Zum Aprikotieren
4 EL Aprikosen-Konfitüre	durch ein Sieb streichen, mit
2 El Rum, 2 EL Wasser	verrühren, aufkochen lassen den Biskuit sofort nach dem Erkalten gleichmäßig damit bestreichen, erkalten lassen.
	Für den Guß
100 g Schokolade	in kleine Stücke brechen, mit
1 EL Kokosfett	in einem kleinen Topf im Wasserbad zu einer geschmeidigen Masse verrühren, ihn auf die Aprikosen-Schicht streichen, etwas austrocknen lassen, mit einem Messer Vierecke in der Größe von etwa 5 x 5 cm in den Schokoladen-Guß ziehen, die Vierecke in der Mitte mit
abgezogenen, halbierten Mandeln	belegen, sobald der Guß fest ist, das Gebäck mit einem in heißes Wasser getauchten Messer auseinanderschneiden.
Beigabe:	Schlagsahne.

Marzipanschnitten

	Für den Knetteig
250 g Weizenmehl	mit
½ gestr. TL Backpulver	mischen, in eine Rührschüssel sieben
75 g Zucker	
1 Pck. Vanillin-Zucker	
1 Ei	
125 g kalte Butter	in Stücke schneiden, hinzufügen, alle Zutaten mit dem Handrührgerät mit Knethaken zunächst auf niedrigster, dann auf höchster Stufe verarbeiten, anschließend auf der gemehlten Arbeitsfläche zu einem glatten Teig verkneten (sollte er kleben, ihn eine Zeitlang kalt stellen)
	den Teig zu einem Rechteck (40 x 32 cm) ausrollen, 8 Streifen (20 x 8 cm) daraus schneiden, auf ein mit Backpapier belegtes Backblech legen, hellgelb backen
Ober-/Unterhitze	180–200 °C (vorgeheizt)
Heißluft	160–180 °C (nicht vorgeheizt)
Gas	Stufe 3–4 (vorgeheizt)
Backzeit	etwa 15 Minuten
	die Gebäckstreifen mit
4 EL Konfitüre	bestreichen.
	Für den Belag
125 g Butter	
125 g Marzipan-Rohmasse	mit Handrührgerät mit Rührbesen zu einer geschmeidigen Masse verrühren, nach und nach
100 g Zucker	
1 Pck. Vanillin-Zucker	
2 Eier	
abgeriebene Schale von ½ Zitrone (unbehandelt)	unterrühren
250 g Weizenmehl	mit
1 Msp. Backpulver	mischen, sieben, portionsweise unterrühren
	die Masse in einen Spritzbeutel mit gezackter Tülle füllen, beliebige Muster auf die Gebäckstreifen spritzen, bei gleicher Temperatureinstellung noch etwa 20 Minuten backen
	das Gebäck sofort nach dem Backen in schmale Streifen schneiden.
Beigabe	Schlagsahne.

Nuß- und Kokosschnitten

	Für den Knetteig
150 g Weizenmehl	mit
½ gestr. TL Backpulver	mischen, in einer Rührschüssel sieben
50 g Zucker	
1 Pck. Vanillin-Zucker	
1 Ei	
65 g Butter oder Margarine	hinzufügen die Zutaten mit Handrührgerät mit Knethaken zunächst kurz auf niedrigster, dann auf höchster Stufe gut durcharbeiten, anschließend auf der Arbeitsfläche zu einem glatten Teig verkneten, 30 Minuten im Kühlschrank ruhen lassen.
	Für den Belag
100 g Butter	
75 g Zucker	
1 Pck. Vanillin-Zucker	
2–3 EL Schlagsahne	langsam erwärmen, zerlassen, die Hälfte davon mit
100 g gemahlenen Haselnußkernen	
50 getrockneten, gehackten Datteln	vermengen, die andere Hälfte mit
100 g Kokosraspeln	
50 g getrockneter, gehackter Ananas	vermengen den Teig auf einem kleinen, gefetteten Backblech (Außenmaße 40 x 26 cm) ausrollen, je zur Hälfte Nuß- und Kokosmasse darauf verteilen, auf dem Rost in den Backofen schieben
Ober-/Unterhitze	180–200 °C (vorgeheizt)
Heißluft	160–180 °C (nicht vorgeheizt)
Gas	Stufe 3–4 (vorgeheizt)
Backzeit	20–30 Minuten das Gebäck etwas abkühlen lassen, in Vierecke von 5 x 5 cm schneiden.
	Für den Guß
50 g Kuvertüre	in einem kleinen Topf im Wasserbad bei schwacher Hitze zu einer geschmeidigen Masse verrühren, die Gebäckstücke damit verzieren.

Pfirsichschnitten

	Für den Teig
125 g Margarine oder Butter	mit Handrührgerät mit Rührbesen auf höchster Stufe geschmeidig rühren, nach und nach
100 g Zucker	
1 Pck. Vanillin-Zucker	
1 Prise Salz	
3 Tropfen Zitronen-Aroma	unterrühren, so lange rühren, bis eine gebundene Masse entstanden ist
2 Eier (Größe M)	nach und nach unterrühren (jedes Ei etwa ½ Minute)
125 g Weizenmehl	mit
1 geh. TL Backpulver	mischen, sieben, in 2 Portionen unterrühren den Teig auf ein kleines gefettetes Backblech (Außenmaße 40 x 26 cm) geben, glattstreichen
	Für den Belag
450 g Pfirsiche	
(aus der Dose)	abtropfen lassen, in Scheiben schneiden, auf den Teig legen
100 g Weizenmehl	in eine Schüssel sieben, mit
50 g Zucker	
1 Pck. Vanillin-Zucker	mischen
50 g Butter	in Flöckchen dazugeben, alle Zutaten mit den Händen oder mit 2 Gabeln zu Streuseln vermengen, auf die Pfirsiche verteilen
Ober-/Unterhitze	170–200 °C (vorgeheizt)
Heißluft	160–180 °C (nicht vorgeheizt)
Gas	Stufe 3–4 (vorgeheizt)
Backzeit	etwa 25 Minuten.
	Für den Guß
50 g Puderzucker	sieben, mit
1 EL Zitronensaft	glattrühren, so daß eine dickflüssige Masse entsteht sofort nach dem Backen den Guß mit einem Pinsel oder mit einem Teelöffel auf dem Gebäck verteilen das erkaltete Gebäck in Schnitten von beliebiger Größe schneiden.

Rhabarberschnitten mit Crème-fraîche-Guß

	Für den Teig
125 g Margarine oder Butter	mit Handrührgerät mit Rührbesen auf höchster Stufe geschmeidig rühren, nach und nach
100 g Zucker	
1 Pck. Vanillin-Zucker	
3 Tropfen	
Butter-Vanille-Aroma	unterrühren, so lange rühren, bis eine gebundene Masse entstanden ist
2 Eier (Größe M)	nach und nach unterrühren (jedes Ei etwa ½ Minute)
125 g Weizenmehl	mit
1 gestr. TL Backpulver	mischen, sieben, in 2 Portionen auf mittlerer Stufe unterrühren
	den Teig auf ein gefettetes, mit
Weizenmehl	bestreutes Backblech (Außenmaße 40 x 26 cm) geben, glattstreichen.
	Für den Belag
600 g Rhabarber	
(vorbereitet gewogen)	waschen (nicht abziehen), in etwa 2 cm große Stücke schneiden, auf dem Teig verteilen
Ober-/Unterhitze	180–200 °C (vorgeheizt)
Heißluft	160–180 °C (nicht vorgeheizt)
Gas	Stufe 3–4 (vorgeheizt)
Backzeit	etwa 30 Minuten.
	Für den Guß
	aus
1 Pck. Pudding-Pulver	
Feine Bourbon-Vanille	mit
40 g Zucker	
350 ml Milch (statt ½ l)	nach der Anleitung auf dem Päckchen einen Pudding zubereiten, unter den noch warmen Pudding
250 g Crème fraîche	rühren, nach etwa 30 Minuten Backzeit auf den Kuchen streichen, noch etwa 15 Minuten weiterbacken lassen.
Tip	Anstatt mit Rhabarber können diese Schnitten auch mit derselben Menge Stachelbeeren gebacken werden.

Schokoladenschnitten

3 Eier	
2 Eigelb	
2 EL heißes Wasser	
Salz	mit einem Handrührgerät mit Rührbesen auf höchster Stufe schaumig schlagen
3 TL Flüssigsüße	unterrühren
2 Eiweiß	steif schlagen, dazugeben
1 Pck. Pudding-Pulver	
Schokolade	mit
2 gestr. TL Backpulver	mischen, darübersieben
50 g gemahlene	
Haselnußkerne	darüberstreuen, alles mit einem Schneebesen vorsichtig unter die Eiercreme ziehen, den Teig auf ein gefettetes, mit Backpapier ausgelegtes Backblech zu einer Größe von 30 x 40 cm streichen, in den Backofen schieben
Ober-/Unterhitze	etwa 180 °C (vorgeheizt)
Heißluft	etwa 160 °C (nicht vorgeheizt)
Gas	etwa Stufe 2 (vorgeheizt)
Backzeit	12–15 Minuten
	den Biskuit nach dem Backen sofort auf ein Tuch stürzen, das Backpapier mit kaltem Wasser bestreichen, vorsichtig, aber schnell abziehen
	die Kuchenplatte abkühlen lassen, dann Quadrate (18 x 18 cm) und 2 Rechtecke (18 x 9 cm) daraus schneiden.
	Für die Füllung
200 ml Schlagsahne	steif schlagen
etwa 440 g Aprikosen	
(aus dem Glas)	gut abtropfen lassen (von beiden Zutaten etwas zurücklassen), etwa die Hälfte der Schlagsahne auf einen quadratischen Boden streichen, die Hälfte der Aprikosen darauf verteilen, die beiden Rechtecke darauf geben, mit der restlichen Sahne bestreichen, die restlichen Aprikosen darauf verteilen, mit dem 2. Teigquadrat bedecken, die Torte mit den zurückgelassenen Aprikosen und der Sahne verzieren.

Spiegeleierkuchen

Für den Belag
aus

1 Pck. Pudding-Pulver Vanille-Geschmack
40 g Zucker
375 ml (3/8 l) Milch nach Anleitung auf dem Päckchen (aber nur mit 3/8 l Milch) einen Pudding zubereiten, kalt stellen, ab und zu durchrühren.

Für den Teig

125 g Margarine oder Butter mit Handrührgerät mit Rührbesen auf höchster Stufe geschmeidig rühren, nach und nach
80 g Zucker
1 Pck. Vanillin-Zucker
1 Prise Salz unterrühren, so lange rühren, bis eine gebundene Masse entstanden ist
2 Eier (Größe M) nach und nach unterrühren (jedes Ei etwa 1/2 Minute)
250 g Weizenmehl mit
2 gestr. TL Backpulver mischen, sieben, abwechselnd portionsweise mit
2 EL Milch auf mittlerer Stufe unterrühren
den Teig auf ein kleines, gefettetes Backblech (Außenmaße 40 x 26 cm) streichen
unter den erkalteten Pudding
250 g Crème fraîche rühren, die Masse gleichmäßig auf den Teig streichen
Aprikosen (aus der Dose) abtropfen lassen, 250 ml (1/4 l) Saft abmessen, die Aprikosen mit der Wölbung nach oben auf dem Pudding verteilen
Ober-/Unterhitze 170–200 °C (vorgeheizt)
Heißluft 150–170 °C (nicht vorgeheizt)
Gas Stufe 3–4 (vorgeheizt)
Backzeit etwa 30 Minuten
das Gebäck erkalten lassen.

Für den Guß

1 Pck. Tortenguß, klar
20 g Zucker
250 ml (1/4 l) Aprikosensaft nach Anleitung auf dem Päckchen zubereiten, auf dem Belag verteilen, fest werden lassen.

Streusel-Ecken

	Für den Teig
250 g Weizenmehl	in eine Rührschüssel sieben
2 Pck. Vanillin-Zucker	
Salz	
175 g kalte Butter	in Stücke schneiden, hinzufügen, von
1 Becher (150 g)	
Crème fraîche	1 Eßlöffel zurücklassen, die restliche Crème fraîche auf die Butterstücke geben, alle Zutaten mit Handrührgerät mit Knethaken zunächst auf niedrigster, dann auf höchster Stufe verarbeiten
	anschließend auf der gemehlten Arbeitsfläche zu einem glatten Teig verkneten, den Teig eine Zeitlang kalt stellen, dann auf einem gefetteten Backblech ausrollen, mit der zurückgelassenen Crème fraîche bestreichen, mehrmals mit einer Gabel einstechen.
	Für die Streusel
300 g Weizenmehl	in eine Schüssel sieben, mit
75–100 g gesiebtem Puderzucker	
1 Pck. Vanillin-Zucker	mischen
175 g kalte Butter	in Flöckchen dazugeben
50 g abgezogene Mandeln	alle Zutaten zu Streuseln vermengen, auf den Teigboden streuen, nach Belieben
40 g abgezogene gehobelte Mandeln	darüberstreuen, das Backblech in den Backofen schieben
Ober-/Unterhitze	200–220 °C (vorgeheizt)
Heißluft	180–200 °C (nicht vorgeheizt)
Gas	etwa Stufe 4–5 (vorgeheizt)
Backzeit	etwa 25 Minuten
	sofort nach dem Backen in Dreiecke schneiden, die Streusel-Ecken mit gesiebtem Puderzucker bestäuben.

Trüffelkuchen auf dem Blech

	Für den Teig
125 g Margarine oder Butter	mit Handrührgerät mit Rührbesen auf höchster Stufe geschmeidig rühren, nach und nach
125 g Zucker	
1 Pck. Vanillin-Zucker	
1 Prise Salz	unterrühren, so lange rühren, bis eine gebundene Masse entstanden ist
3 Eier (Größe L)	nach und nach unterrühren (jedes Ei etwa ½ Minute)
125 g Weizenmehl	mit
15 g Kakaopulver	
knapp 1 gestr. TL Backpulver	mischen, sieben, abwechselnd portionsweise mit
knapp 3 EL Milch	auf mittlerer Stufe unterrühren
	den Teig auf ein kleines, gefettetes, mit Backpapier belegtes Backblech (Außenmaße 40 x 26 cm) streichen
Ober-/Unterhitze	170–200 °C (vorgeheizt)
Heißluft	160–170 °C (nicht vorgeheizt)
Gas	Stufe 3–4 (vorgeheizt)
Backzeit	etwa 15 Minuten
	den Kuchen sofort nach dem Backen auf Backpapier stürzen, mit
75 ml Orangensaft	tränken, erkalten lassen.
	Für die Trüffelcreme
150 ml Schlagsahne	
30 g Butter	zum Kochen bringen, von der Kochstelle nehmen
200 g Zartbitter-Schokolade	in Stücke brechen, unter Rühren in der Sahne auflösen, kalt stellen (am besten über Nacht)
	Schokoladensahne mit Handrührgerät mit Rührbesen etwa 2 Minuten zu einer Creme aufschlagen, mit
etwa 1 EL Orangenlikör	abschmecken
	die Creme auf den getränkten Boden streichen, mit Hilfe eines Tortengarnierkamms oder einer Gabel verzieren, mit
75 g geschabter, weißer Schokolade	garnieren.

Vronis Sahnering

	Für den Teig
125 ml (1/8 l) Wasser	mit
30 g Butter	am besten in einem Stieltopf zum Kochen bringen
75 g Weizenmehl	mit
20 g Speisestärke	mischen, sieben, auf einmal in die vom Herd genommene Flüssigkeit schütten, zu einem glatten Kloß verrühren, unter Rühren etwa 1 Minute erhitzen, den heißen Kloß sofort in eine Rührschüssel geben, nach und nach
2–3 Eier	mit einem Handrührgerät mit Knethaken auf höchster Stufe unterarbeiten (weitere Eizugabe erübrigt sich, wenn der Teig stark glänzt und so von einem Löffel abreißt, daß lange Spitzen hängenbleiben)
½ gestr. TL Backpulver	in den erkalteten Teig arbeiten, den Teig in einen Spritzbeutel (weite Tülle) füllen, einen Ring (Ø etwa 20 cm) auf ein gefettetes, mit Mehl bestäubtes Backblech spritzen, in den Backofen schieben
Ober-/Unterhitze	200–220 °C (vorgeheizt)
Heißluft	180–200 °C (nicht vorgeheizt)
Gas	Stufe 4–5 (vorgeheizt)
Backzeit	etwa 30 Minuten
	während der ersten 15 Minuten Backzeit die Backofentür nicht öffnen, da das Gebäck sonst zusammenfällt sofort nach dem Backen den Ring aufschneiden.
	Für die Füllung
2 gestr. TL gemahlene Gelatine, weiß	mit
2 EL kaltem Wasser	in einem kleinen Topf anrühren, 10 Minuten zum Quellen stehenlassen
1 Zitrone (unbehandelt)	mit heißem Wasser abwaschen, abtrocknen, mit den Ecken von
3 Stück Würfelzucker	die Zitronenschale abreiben die gequollene Gelatine mit dem Würfelzucker unter Rühren erwärmen, bis alles gelöst ist, den Saft von
1 Zitrone	hinzufügen
500 ml (½ l) Schlagsahne	fast steif schlagen, die lauwarme Gelatinelösung
75–100 g gesiebten Puderzucker	hinzufügen, die Sahne steif schlagen, in den Ring spritzen, den Deckel darauf legen, leicht mit
Puderzucker	bestäuben.

Kastenkuchen

Ananas-Marzipan-Kuchen

(Foto Seite 17)

	Für den Teig
150 g Marzipan-Rohmasse	mit einem Handrührgerät mit Rührbesen zu einer geschmeidigen Masse verrühren, nach und nach
125 g Butter oder Margarine	
125 g Zucker	
1 Pck. Bourbon Vanillezucker	
1 Prise Salz	
2 Eier	hinzufügen, so lange rühren, bis eine cremig-sahnige Masse entstanden ist
200 g Weizenmehl	mit
1½ TL Backpulver	mischen, sieben, portionsweise unterrühren
5 Scheiben (etwa 150 g) Ananas (aus der Dose)	auf einem Sieb abtropfen lassen, in kleine Stücke schneiden, unter den Teig heben
	den Teig in eine gefettete, mit Backpapier ausgelegte Kastenform (20 x 11 cm) füllen, auf dem Rost in den Backofen schieben
Ober-/Unterhitze	180–200 °C (vorgeheizt)
Heißluft	160–180 °C (nicht vorgeheizt)
Gas	Stufe 3–4 (vorgeheizt)
Backzeit	etwa 60 Minuten.
	Für den Guß
60 g Zartbitterschokolade	in kleine Stücke brechen, mit
20 g Kokosfett	in einem kleinen Topf im Wasserbad bei schwacher Hitze zu einer geschmeidigen Masse verrühren, den erkalteten Kuchen damit überziehen.

Bananenbrot

(Foto Seite 18)

	Für den Teig
150 g Weizenmehl	mit
1½ TL Backpulver	mischen, sieben, mit
100 g braunem Zucker	
1 TL fein geriebener Orangenschale	
1 TL fein geriebener Zitronenschale	
50 g Rosinen	vermengen
80 g sehr kalte Butter oder Margarine	in die Mischung einarbeiten, bis sie wie Semmelbrösel aussieht
2 mittelgroße Bananen (je 200 g)	schälen, mit
1 EL Zitronensaft	zerdrücken
1 Ei	verquirlen
	Bananen, Ei und
1 EL Orangensaft	zur Mehlmischung geben, zu einem Teig verarbeiten den Teig mit einem Löffel in eine Kastenform (Maße 20 x 11 cm) streichen
Ober-/Unterhitze	etwa 180 °C (vorgeheizt)
Heißluft	etwa 160 °C (nicht vorgeheizt)
Gas	etwa Stufe 4 (nicht vorgeheizt)
Backzeit	60–75 Minuten
	das Brot in der Form auskühlen lassen, die Brotform dann stürzen
	die Oberseite des Brotes mit
1 EL flüssigem Honig	bestreichen
1 Banane	schälen, in Scheiben schneiden und mit
etwas Zitronensaft	beträufeln
	das Brot mit den Bananenscheiben, mit
Pfefferminzblättern	und
Orangenschalenstreifen	verzieren.
Tip	Die Orangen- und Zitronenschalen sowie den Saft weglassen. Das ausgekratzte Mark einer Vanilleschote hinzufügen und den Teig mit 3 Eßlöffeln Milch mischen. 50 g gehackte Walnüsse hinzufügen.

Schokoladen-Bananen-Kuchen, Rezept Seite 51

Zitronenkuchen, Rezept Seite 52

Glühweinküchlein, Rezept Seite 65

Gugelhupf, Rezept Seite 66

Dunkles Lamm

	Für den Biskuitteig
3 Eier	
2 Eigelb	
1 EL heißes Wasser	
Salz	mit einem Handrührgerät mit Rührbesen auf höchster Stufe schaumig schlagen
2 Eiweiß	mit
einigen Tropfen	
Rum-Aroma	verrühren, steif schlagen, auf die Eiercreme geben
75 g Weizenmehl	mit
100 g Speisestärke	
20 g Kakao	mischen, darübersieben
20 g Streusüße	mit
50 g gemahlenen	
Haselnußkernen	mischen, darüberstreuen, alles mit einem Schneebesen vorsichtig unter die Eiercreme ziehen
150 g zerlassene,	
lauwarme Butter	unterziehen, eine Lammform ausfetten, mit
Semmelmehl	ausstreuen, den Teig einfüllen, glattstreichen, die Form auf dem Rost in den Backofen schieben
Ober-/Unterhitze	180–200 °C (vorgeheizt)
Heißluft	–
Gas	Stufe 3–4 (vorgeheizt)
Backzeit	50–60 Minuten
1 großes Eiweiß	mit
1 EL Streusüße	verrühren, steif schlagen, in einen Spritzbeutel füllen, das Lamm damit verzieren, unter dem vorgeheizten Grill einige Minuten bräunen lassen, mit
etwas Kakao	bestreuen.

Haselnußbrot

	Für den Quark-Öl-Teig
100 g Weizenmehl	mit
1 Pck. Backpulver	mischen, in eine Rührschüssel sieben
50 g Speisequark	
2 EL Milch	
2 EL Speiseöl	
25 g Zucker	
1 Pck. Vanillin-Zucker	
1 Prise Salz	hinzufügen die Zutaten mit Handrührgerät mit Knethaken auf höchster Stufe in etwa 1 Minute zu einem Teig verarbeiten (nicht zu lange, Teig klebt sonst) anschließend auf der bemehlten Arbeitsfläche zu einer Rolle formen den Teig auf der leicht bemehlten Arbeitsfläche zu einem Rechteck von 18 x 30 cm ausrollen.
	Für die Füllung
6 Tropfen Rum-Aroma	
2 Tropfen Bittermandel-Aroma	mit
1 Eiweiß	verschlagen
75 g gemahlene Haselnußkerne	mit
1 gut geh. EL Zucker	und
1 Pck. Vanillin-Zucker	mischen, unter das Eiweiß rühren Teigplatte erst mit
Aprikosenkonfitüre	dann mit Nußfüllung bestreichen, von der kurzen Seite her aufrollen und in die gut gefettete Kastenform (20 x 11 cm) legen.
	Zum Bestreichen
1 Eigelb	mit
1 EL Milch	verquirlen, die Rolle damit bestreichen, auf der Oberseite zickzackförmig ca. ½ cm tief einschneiden
Ober-/Unterhitze	etwa 180°C (vorgeheizt, unterste Schiene)
Heißluft	etwa 160°C (nicht vorgeheizt)
Gas	Stufe 2–3 (nicht vorgeheizt)
Backzeit	40–45 Minuten Brot in der Form auskühlen lassen, lösen, auf einen Kuchenrost stürzen, erkalten lassen.

Helles Lamm

3 Eier	
2 Eigelb	
1 EL heißes Wasser	
Salz	mit einem Handrührgerät mit Rührbesen auf höchster Stufe schaumig schlagen
abgeriebene Schale von 1 Zitrone (unbehandelt)	
Mark von 1 Vanilleschote	hinzufügen
2 Eiweiß	steif schlagen, auf die Eiercreme geben
125 g Weizenmehl	mit
125 g Speisestärke	
2 gestr. TL Backpulver	mischen, darübersieben
20 g Streusüße	darübergeben, alles mit einem Schneebesen vorsichtig unter die Eiercreme ziehen, zum Schluß
150 g zerlassene, lauwarme Butter	unterziehen, eine Lammform ausfetten, mit
Semmelbröseln	ausstreuen, den Teig einfüllen, glattstreichen, die Form schließen, auf dem Rost in den Backofen schieben
Ober-/Unterhitze	180–200 °C (vorgeheizt)
Heißluft	160–180 °C (nicht vorgeheizt)
Gas	Stufe 3–4 (vorgeheizt)
Backzeit	45–50 Minuten
1 Eiweiß	mit
1 EL Streusüße	verrühren, steif schlagen, in einen Spritzbeutel füllen, das Lamm damit verzieren, unter dem vorgeheizten Grill einige Minuten bräunen lassen, nach Belieben mit
etwas Kakao	bestäuben.

Himbeerschnitten

	Für den Biskuitteig
1 Ei	
1 EL heißes Wasser	mit dem Handrührgerät mit Rührbesen auf höchster Stufe in 1 Minute schaumig schlagen
50 g Zucker	mit
1 Pck. Vanillin-Zucker	mischen, innerhalb 1 Minute einstreuen, dann noch etwa 2 Minuten schlagen

40 g Weizenmehl	mit
25 g Speisestärke	
½ gestr. TL Backpulver	mischen, die Hälfte auf die Eiercreme sieben, kurz auf niedrigster Stufe unterrühren, den Rest des Mehl-Gemisches auf dieselbe Weise unterarbeiten
25 g zerlassene, abgekühlte Butter	hinzufügen, den Teig in eine gefettete, mit Backpapier ausgelegte Kastenform füllen, auf dem Rost in den Backofen schieben
Ober-/Unterhitze	180–200 °C (vorgeheizt)
Heißluft	160–180 °C (nicht vorgeheizt)
Gas	Stufe 3–4 (vorgeheizt)
Backzeit	etwa 30 Minuten das Gebäck erkalten lassen.
	Für den Belag
500 g Himbeeren	sorgfältig verlesen, mit
100 g Zucker	bestreuen, kurze Zeit zum Saftziehen stehen lassen die Früchte auf einem Sieb abtropfen lassen, den Saft auffangen
250 ml (¼ l) Schlagsahne	½ Minute schlagen
1 gestr. EL Puderzucker	sieben, mit
1 Pck. Sahnesteif	mischen, einstreuen, die Sahne steif schlagen
2 EL Himbeersaft	
1 EL Zitronensaft	vorsichtig unterheben, 3 gut gehäufte Eßlöffel Sahne in einen Spritzbeutel mit gezackter Tülle füllen das Gebäck gleichmäßig mit
Sahnesteif	bestreuen, um zu verhindern, daß der mit Obst belegte Biskuit durchweicht, die Himbeeren (einige zum Garnieren zurücklassen) gleichmäßig darauf verteilen die Früchte und die Seiten des Gebäcks mit der Sahne bestreichen, die obere Seite mit der Sahne aus dem Spritzbeutel verzieren, mit den zurückgelassenen Himbeeren garnieren das Gebäck in etwa 8 gleich große Schnitten schneiden, die Seiten mit
abgezogenen, gehobelten Mandeln	bestreuen, bis zum Servieren kalt stellen.

Königskuchen

	Für den Rührteig
100 g Butter oder Margarine	mit Handrührgerät mit Rührbesen auf höchster Stufe geschmeidig rühren, nach und nach
100 g Zucker	
1 Pck. Vanillin-Zucker	
3 Tropfen Zitronen-Aroma	
1 Prise Salz	unterrühren, so lange rühren, bis eine gebundene Masse entstanden ist
3 Eier (Größe M)	nach und nach unterrühren (jedes Ei etwa ½ Minute)
200 g Weizenmehl	mit
2 gestr. TL Backpulver	mischen, sieben, abwechselnd portionsweise mit
etwa 2 EL Milch	auf mittlerer Stufe unterrühren (nur so viel Milch verwenden, daß der Teig schwerreißend von einem Löffel fällt)
50 g gewürfelte Belegkirschen	
100 g Rosinen	
50 g gewürfeltes Zitronat (Sukkade)	unter den Teig heben den Teig in eine gefettete, mit Backpapier ausgelegte Kastenform (20 x 11 cm) füllen, die Form auf dem Rost in den Backofen schieben
Ober-/Unterhitze	etwa 180 °C (vorgeheizt)
Heißluft	etwa 160 °C (nicht vorgeheizt)
Gas	Stufe 2–3 (nicht vorgeheizt)
Backzeit	etwa 50 Minuten den Kuchen aus der Form nehmen, auf einen Kuchenrost geben und erkalten lassen, nach Belieben mit
Puderzucker	bestäuben.

Makronenkuchen

	Für den Rührteig
150 g Butter oder Margarine	mit Handrührgerät mit Rührbesen auf höchster Stufe geschmeidig rühren, nach und nach
100 g Zucker	
1 Pck. Vanillin-Zucker	hinzufügen, so lange rühren, bis eine gebundene Masse entstanden ist

2 Eier	
1 Eigelb	jeweils etwa ½ Minute unterrühren
150 g Weizenmehl	mit
25 g Speisestärke	
1 gestr. TL Backpulver	mischen, sieben, portionsweise auf mittlerer Stufe unterrühren
	den Teig in eine gefettete, mit Backpapier ausgelegte Kastenform (20 x 11 cm) füllen, glattstreichen.
	Für die Makronenmasse
1 Eiweiß	so steif schlagen, daß ein Messerschnitt sichtbar bleibt
50 g Zucker	
1–2 Tropfen Bittermandel-Aroma	unterschlagen, zuletzt
75 g nicht abgezogene, gemahlene Mandeln	vorsichtig unterheben
	mit dem Rücken eines Teelöffels in den Rührteig längs eine »Rinne« drücken, die fast bis zum Boden der Form reicht und etwa 3 cm breit ist
	die Makronenmasse einfüllen, glattstreichen
Ober-/Unterhitze	etwa 170 °C (vorgeheizt)
Heißluft	etwa 150 °C (nicht vorgeheizt)
Gas	Stufe 2–3 (nicht vorgeheizt)
Backzeit	etwa 60 Minuten
	den Kuchen aus der Form heben, auf einem Kuchenrost erkalten lassen
	nach Belieben mit Puderzucker bestäubt servieren.

Marzipankuchen

(Foto Seite 19)

	Für den Rührteig
125 g Butter oder Margarine	
100 g Marzipan-Rohmasse	mit Handrührgerät mit Rührbesen auf höchster Stufe geschmeidig rühren, nach und nach
125 g Zucker	
10 Tropfen Backöl Bittermandel	hinzufügen, so lange rühren, bis eine gebundene Masse entstanden ist
2 Eier	nacheinander unterrühren (jedes Ei etwa ½ Minute)
225 g Weizenmehl	
½ Pck. Backpulver	mischen, sieben, abwechselnd portionsweise mit

50 ml Milch unterrühren
den Teig in eine gefettete, strukturierte Königskuchenform (20 x 11 cm) füllen und glattstreichen

Ober-/Unterhitze etwa 180 °C (vorgeheizt)
Heißluft etwa 160 °C (nicht vorgeheizt)
Gas Stufe 2–3 (nicht vorgeheizt)
Backzeit etwa 60 Minuten (evtl. abdecken)
den Kuchen 10 Minuten in der Form stehenlassen, aus der Form lösen, auf einem Kuchenrost erkalten lassen.

Für die Garnierung
100 g Marzipan-Rohmasse mit
40 g gesiebtem Puderzucker verkneten, Blätter und Stiele formen
2 EL Aprikosenkonfitüre aufkochen, durch ein Sieb streichen, den Kuchen damit bepinseln, Marzipan-Blätter und -Stiele auflegen.

Tip Anstelle der strukturierten Königskuchenform kann auch eine Kastenform (20 x 11 cm) verwendet werden.

Mosaikkuchen

Für den Rührteig
150 g Margarine mit Handrührgerät mit Rührbesen auf höchster Stufe geschmeidig rühren, nach und nach
150 g Zucker
1 Pck. Vanillin-Zucker
½ Fläschchen Butter-Vanille-Aroma unterrühren, so lange rühren, bis eine gebundene Masse entstanden ist, nach und nach
3 Eier unterrühren (jedes Ei etwa ½ Minute)
den Teig halbieren.

Für den hellen Teig
1 EL Weizenmehl mit
1 gestr. TL Backpulver
150 g nicht abgezogenen, gemahlenen Mandeln mischen, unter eine Teighälfte rühren.

Für den dunklen Teig
75 g Weizenmehl mit
1 gestr. TL Backpulver
10 g Kakaopulver mischen, sieben, unter die andere Teighälfte rühren.

Für die Kokosmasse

100 g Kokosraspel
50 g Zucker
1 Ei verrühren

die beiden Teige und die Kokosmasse abwechselnd mit einem Eßlöffel in einer gefetteten, gemehlten Kastenform (20 x 11 cm) verteilen, dabei möglichst wenig Kokosmasse an den Rand geben

die gefüllte Form kurz auf die Arbeitsfläche schlagen, damit sich eventuelle »Teiglücken« ausgleichen, die Form auf dem Rost in den Backofen schieben

Ober-/Unterhitze etwa 180 °C (vorgeheizt)
Heißluft etwa 160 °C (nicht vorgeheizt)
Gas Stufe 3–4 (nicht vorgeheizt)
Backzeit etwa 60 Minuten

nach 20 Minuten Backzeit den Teig längs 1–2 cm tief einschneiden

nach dem Backen Kuchen etwa 10 Minuten in der Form stehen lassen, auf einen Kuchenrost stürzen, erkalten lassen.

Ottilienkuchen

Für den Rührteig

150 g Butter oder Margarine mit Handrührgerät mit Rührbesen auf höchster Stufe geschmeidig rühren, nach und nach

100 g Zucker
1 Pck. Vanillin-Zucker
5 Tropfen Rum-Aroma
1 Prise Salz unterrühren, so lange rühren bis eine gebundene Masse entstanden ist

3 Eier (Größe M) nach und nach unterrühren (jedes Ei etwa ½ Minute)

150 g Weizenmehl
25 g Speisestärke
2 gestr. TL Backpulver mischen, sieben, portionsweise auf mittlerer Stufe unterrühren

40 g Schokolade in kleine Stücke schneiden, mit

60 g abgezogenen, gemahlenen Mandeln
40 g gewürfeltem Zitronat (Sukkade) unter den Teig heben, in eine gefettete, mit Backpapier ausgelegte Kastenform (20 x 11 cm) füllen

die Form auf dem Rost in den Backofen schieben

Ober-/Unterhitze etwa 180 °C (vorgeheizt)

Heißluft etwa 160 °C (nicht vorgeheizt)

Gas Stufe 2–3 (nicht vorgeheizt)

Backzeit etwa 50 Minuten

den Kuchen aus der Form nehmen, auf einem Kuchenrost erkalten lassen.

Für den Guß

100 g Halbbitter-Kuvertüre in einem kleinen Topf im Wasserbad bei schwacher Hitze zu geschmeidiger Masse verrühren, den Kuchen damit überziehen

Guß fest werden lassen.

Pistazien-Birnenkuchen

(Foto Seite 20)

Für den Rührteig

200 g Butter oder Margarine mit Handrührgerät mit Rührbesen auf höchster Stufe geschmeidig rühren, nach und nach

150 g Zucker
1 Pck. Vanillin-Zucker unterrühren, so lange rühren, bis eine gebundene Masse entstanden ist

½ Butter-Vanille-Aroma
1 Prise Salz
3 Eier nach und nach unterrühren (jedes Ei etwa ½ Minute)

200 g Weizenmehl mit
1 gestr. TL Backpulver mischen, sieben, portionsweise auf mittlerer Stufe unterrühren

eine Kastenform (20 x 11 cm) fetten, mit Backpapier auslegen, das Papier an den Längsseiten ebenfalls leicht fetten

Schokoladenbuchstaben oder -zahlen im unteren Drittel der Längsseiten seitenverkehrt anlegen

Für die Füllung

⅓ des Teiges abnehmen, mit

50 g feingemahlenen Pistazien verrühren, den übrigen Teig in einen Spritzbeutel mit Lochtülle füllen, die Hälfte davon in die Form spritzen, mit 1 Eßlöffel von

2 EL Schokoraspeln bestreuen

2 reife Birnen (je etwa 150 g) schälen, vierteln, entkernen, in dünne Spalten schneiden, die Hälfte davon in der Form verteilen, darauf den Pistazienteig verteilen, mit den restlichen Schokoraspeln bestreuen, mit der anderen Hälfte Birnenspalten belegen, darauf den restlichen Teig spritzen, die Form auf dem Rost in den Backofen schieben

Ober-/Unterhitze 170–200 °C (vorgeheizt)

Heißluft 160–180 °C (nicht vorgeheizt)

Gas Stufe 3–4 (nicht vorgeheizt)

Backzeit 75–90 Minuten

den Kuchen nach 30 Minuten Backzeit der Länge nach mit einem spitzen Messer 1 cm tief einschneiden

den Kuchen etwas in der Form stehenlassen, vorsichtig mit dem Papier herausziehen, das Papier abziehen, den Kuchen auf einem Kuchenrost erkalten lassen

Tip Wenn der Teig zu fest ist, evtl. 2 Eßlöffel Milch unterrühren.

Sandkuchen

Für den Rührteig

150 g Butter zerlassen, wieder etwas fest werden lassen, mit Handrührgerät mit Rührbesen auf höchster Stufe geschmeidig rühren, nach und nach

100 g Zucker
1 Pck. Vanillin-Zucker unterrühren, so lange rühren, bis eine gebundene Masse entsteht

3 Eier (Größe M) nach und nach unterrühren (jedes Ei etwa ½ Minute)

75 g Weizenmehl mit

75 g Speisestärke
2 Msp. Backpulver mischen, sieben, portionsweise auf mittlerer Stufe unterrühren

den Teig in eine gefettete, mit Backpapier ausgelegte Kastenform (20 x 11 cm) füllen, die Form auf dem Rost in den Backofen schieben

Ober-/Unterhitze etwa 170 °C (vorgeheizt)

Heißluft etwa 150 °C (nicht vorgeheizt)

Gas Stufe 2–3 (nicht vorgeheizt)

Backzeit etwa 55 Minuten

den Kuchen aus der Form heben, auf einen Kuchenrost geben und erkalten lassen.

	Für den Guß
80 g Puderzucker	
15 g Kakaopulver	mischen, sieben, mit so viel von
1½–2 EL heißem Wasser	glattrühren, daß eine dickflüssige Masse entsteht, den erkalteten Kuchen mit dem Guß bestreichen.
Tip	Nach Belieben anstelle des Gusses den Kuchen mit 100 g zerlassener Halbbitter-Kuvertüre überziehen.

Schokoladen-Bananen-Kuchen

(Foto Seite 37)

	Für den Rührteig
120 g weiche Butter	
oder Margarine	mit Handrührgerät mit Rührbesen auf höchster Stufe geschmeidig rühren, nach und nach
75 g Zucker	
1 Pck. Orangenfrucht	unterrühren, so lange rühren, bis eine gebundene Masse entstanden ist
2 Eier	nach und nach unterrühren (jedes Ei etwa ½ Minute)
2 vollreife Bananen	zerdrücken, unterrühren
150 g Weizenmehl	mit
1 TL Backpulver	
2 EL Kakaopulver	mischen, sieben und portionsweise auf mittlerer Stufe unterrühren
	den Teig in eine gefettete Kastenform (20 x 11 cm) füllen, glattstreichen
Ober-/Unterhitze	etwa 180 °C (vorgeheizt)
Heißluft	etwa 160 °C (nicht vorgeheizt)
Gas	Stufe 3–4 (nicht vorgeheizt)
Backzeit	55–60 Minuten
	den Kuchen nach dem Backen in der Form 10 Minuten auskühlen lassen, dann auf ein Kuchengitter stürzen, den noch warmen Kuchen mit
2–3 EL Orangensaft	tränken, den Kuchen vollkommen erkalten lassen.
	Für die Schokoladenglasur
75 g Zartbitterschokolade	in einem kleinen Topf im Wasserbad bei schwacher Hitze zu einer geschmeidigen Masse verrühren, den Kuchen damit bestreichen, die Glasur fest werden lassen, den Kuchen mit
Bananenscheiben	
Zitronenschalenstreifen	garnieren.

Zitronenkuchen

(Foto Seite 38)

Für den Rührteig

175 g Butter oder Margarine	
175 g Zucker	
1 Prise Salz	mit Handrührgerät mit Rührbesen schaumig rühren, nach und nach
3 Eier	unterrühren (jedes Ei etwa ½ Minute)
abgeriebene Schale und Saft von 1 Zitrone (unbehandelt)	hinzufügen
175 g Weizenmehl	
50 g Speisestärke	
1 gestr. TL Backpulver	mischen, sieben, portionsweise auf mittlerer Stufe unterrühren den Teig in eine gefettete, mit Backpapier ausgelegte Kastenform (20 x 11 cm) füllen, die Form auf dem Rost in den Backofen schieben
Ober-/Unterhitze	160–180 °C (vorgeheizt)
Heißluft	140–160 °C (nicht vorgeheizt)
Gas	etwa Stufe 2 (vorgeheizt)
Backzeit	60–70 Minuten.

Für den Guß

60 g gesiebten Puderzucker	mit
1–2 EL Zitronensaft	zu einer dickflüssigen Masse verrühren, den Kuchen damit überziehen.
Tip	Anstatt den Kuchen mit Guß zu überziehen, 1–2 Zitronen auspressen, mit 100 g Puderzucker verrühren (der Zucker muß sich auflösen). Den gestürzten warmen Kuchen mit Hilfe eines Hölzchen mit Zitronensaft tränken, mindestens einen Tag durchziehen lassen.

Napfkuchen & Gugelhüpfe

Apfel-Krokant-Hupf

	Für das Walnußkrokant
1 TL Butter	mit
50 g Zucker	und
50 g gehackten Walnußkernen	in einem Topf unter Rühren karamelisieren lassen, Masse auf ein Stück Alufolie geben, erkalten lassen und zerkleinern.
	Für den Hefeteig
200 g Weizenmehl	in eine Rührschüssel sieben, mit
1 Pck. Trockenhefe	sorgfältig vermischen
50 g Zucker	
1 Ei	
125 g Sahnequark	
50 g zerlassene, abgekühlte Butter	
50 ml lauwarmen Apfelsaft	hinzufügen die Zutaten mit Handrührgerät mit Knethaken zunächst auf niedrigster, dann auf höchster Stufe in etwa 5 Minuten zu einem Teig verarbeiten den Teig zugedeckt so lange an einem warmen Ort stehenlassen, bis er sich sichtbar vergrößert hat (etwa 20 Minuten)
1 Apfel (125 g)	waschen, schälen, vierteln, entkernen, klein würfeln und mit Walnußkrokant kurz unter den Teig kneten den Teig in eine gefettete, gemehlte Napfkuchenform (Ø 18 cm) füllen, Form kurz auf die Arbeitsfläche schlagen, damit sich evtl. »Teiglücken« ausgleichen, den Teig nochmals etwa 10 Minuten gehen lassen, die Form auf dem Rost in den Backofen schieben
Ober-/Unterhitze	etwa 180 °C (vorgeheizt)
Heißluft	etwa 160 °C (nicht vorgeheizt)
Gas	Stufe 3–4 (nicht vorgeheizt)
Backzeit	etwa 50 Minuten Kuchen nach dem Backen noch 10 Minuten in der Form stehenlassen, dann auf einen Kuchenrost stürzen und erkalten lassen vor dem Servieren mit
Puderzucker	bestäuben.

Gefüllter Gugelhupf

	Für den Quark-Öl-Teig
100 g Weizenmehl	mit
1 Pck. Backpulver	mischen, in eine Rührschüssel sieben
50 g Speisequark	
2 EL Milch	
2 EL Speiseöl	
25 g Zucker	
1 Pck. Vanillin-Zucker	
1 Prise Salz	hinzufügen
	die Zutaten mit Handrührgerät mit Knethaken auf höchster Stufe in etwa 1 Minute zu einem Teig verarbeiten (nicht zu lange, Teig klebt sonst)
	anschließend auf der bemehlten Arbeitsfläche zu einer Rolle formen
	den Teig auf der leicht bemehlten Arbeitsfläche zu einem Rechteck von 30 x 20 cm ausrollen.
	Für die Füllung
20 g fein gewürfeltes Zitronat (Sukkade)	mit
25 g Korinthen	
25 g Rosinen	
25 g abgezogenen, gehackten Mandeln	
1 gestr. EL Zucker	
1 Pck. Vanillin-Zucker	mischen
	Teigplatte mit
15 g weicher Butter oder Margarine	bestreichen, mit der Füllung gleichmäßig bestreuen, Früchte leicht andrücken
	den Teig von der längeren Seite her aufrollen, in die gut gefettete Napfkuchenform (Ø 20 cm) legen.
Ober-/Unterhitze	etwa 180 °C (vorgeheizt)
Heißluft	etwa 160 °C (nicht vorgeheizt)
Gas	Stufe 2–3 (nicht vorgeheizt)
Backzeit	40–45 Minuten
	das Gebäck 10 Minuten in der Form stehenlassen, auf einen Kuchenrost stürzen, erkalten lassen,
	nach Wunsch mit
Puderzucker	bestäubt servieren.

Mini-Mandarinen-Marzipankuchen, Rezept Seite 70

Oster-Savarin, Rezept Seite 73

Schokoladenkuchen, Rezept Seite 81

Weihnachtskuchen, Rezept Seite 83

Eierlikörkuchen

3 Eier (Größe M)	
100 g gesiebten Puderzucker	
1 Pck. Vanillin-Zucker	mit Handrührgerät mit Rührbesen auf höchster Stufe in 1 Minute schaumig rühren
125 ml (1/8 l) Speiseöl	
125 ml (1/8 l) Eierlikör	unterrühren
75 g Weizenmehl	mit
75 g Speisestärke	
2 gestr. TL Backpulver	mischen, sieben, portionsweise auf mittlerer Stufe unterrühren, den Teig in eine gefettete, mit
Weizenmehl	ausgestreute Napfkuchenform (Ø 16 cm) füllen, sofort backen
Ober-/Unterhitze	170–200 °C (vorgeheizt)
Heißluft	–
Gas	Stufe 3–4 (nicht vorgeheizt)
Backzeit	etwa 1 Stunde
	Kuchen etwa 10 Minuten in der Form stehenlassen, stürzen, erkalten lassen, mit
40 g Puderzucker	bestäuben.

Erdnußkuchen

(2 Stück)

	Für den Teig
2 Möhren (140 g)	putzen, schälen, waschen, fein raspeln
3 Eier (Größe M)	mit
125 g Zucker	
1 Prise Salz	
1 TL gemahlenem Zimt	mit Handrührgerät mit Rührbesen auf höchster Stufe schaumig rühren
	die Möhrenraspel und
60 g gemahlene, ungesalzene Erdnüsse	hinzufügen
35 g Semmelbrösel	mit
35 g Weizenmehl	
1/2 TL Backpulver	mischen, unterrühren
	den Teig in zwei gefettete, mit
Semmelbröseln	ausgestreute Napfkuchenformen (Ø 11 und 16 cm) füllen, die Formen auf dem Rost in den Backofen schieben

Ober-/Unterhitze	etwa 180 °C (vorgeheizt)
Heißluft	etwa 160 °C (nicht vorgeheizt)
Gas	etwa Stufe 2 (vorgeheizt)
Backzeit	für den kleinen Kuchen etwa 35 Minuten, für den großen Kuchen etwa 50 Minuten die Kuchen aus der Form stürzen und auf einem Kuchenrost erkalten lassen.
	Für den Guß
100 g Puderzucker	sieben, mit
½ Eiweiß (Größe M)	verrühren, die Masse teilen, die eine Hälfte mit
1 Tropfen roter Lebensmittelfarbe	und die andere Hälfte mit
1 Tropfen grüner Lebensmittelfarbe	marmorieren die Kuchen mit dem Guß überziehen und trocknen lassen.

Frankfurter Kranz

	Für den Rührteig
100 g Butter oder Margarine	mit Handrührgerät mit Rührbesen auf höchster Stufe geschmeidig rühren, nach und nach
70 g Zucker	
1 Pck. Vanillin-Zucker	
1 Prise Salz	unterrühren, so lange rühren, bis eine gebundene Masse entstanden ist
2 Eier (Größe L)	nach und nach unterrühren (jedes Ei etwa ½ Minute)
170 g Weizenmehl	mit
1 gestr. TL Backpulver	mischen, sieben, portionsweise auf mittlerer Stufe unterrühren den Teig in eine gut gefettete Springform mit Rohrboden (Ø 20 cm) füllen, glattstreichen, auf dem Rost in den Backofen schieben
Ober-/Unterhitze	etwa 180 °C (vorgeheizt)
Heißluft	etwa 160 °C (nicht vorgeheizt)
Gas	Stufe 2–3 (nicht vorgeheizt)
Backzeit	etwa 40 Minuten Gebäck in der Form auskühlen lassen, lösen, auf einen Kuchenrost stürzen, erkalten lassen, zweimal waagerecht durchschneiden.

Für die Buttercreme

1 Pck. Dessert-Sauce Vanille-Geschmack (zum Kochen) mit
40 g Zucker
6 EL Milch anrühren
125 ml (1/8 l) Milch zum Kochen bringen, von der Kochstelle nehmen, angerührtes Saucenpulver einrühren, nochmals kurz aufkochen lassen
Pudding erkalten lassen, dabei öfter durchrühren, damit sich keine Haut bildet (oder direkt auf den heißen Pudding Frischhaltefolie legen)
100 g Butter mit Handrührgerät mit Rührbesen geschmeidig rühren, eßlöffelweise den Pudding unterrühren.

Für den Krokant

1 Msp. Butter mit
25 g Zucker zerlassen
50 g abgezogene, gehackte Mandeln unterrühren, die Masse leicht bräunen lassen
Masse erkalten lassen, evtl. in kleine Stücke brechen
den unteren Boden auf eine Platte legen, zunächst mit
Kirschkonfitüre dann mit etwas Buttercreme bestreichen
den mittleren Boden auflegen, mit etwas Buttercreme bestreichen, mit dem oberen Boden bedecken
Kranz mit restlicher Buttercreme bestreichen, mit Krokant bestreuen, mit
einigen Kirschen verzieren
den Kranz bis zum Servieren kalt stellen.

Gefüllter Napfkuchen

Für den Biskuitteig

1 Ei (Größe M) mit Handrührgerät mit Rührbesen auf höchster Stufe 1 Minute schaumig schlagen
50 g Zucker mit
1 Pck. Vanillin-Zucker mischen, innerhalb 1 Minute einstreuen, dann noch etwa 2 Minuten schlagen
50 g Weizenmehl mit
15 g Speisestärke
1 gestr. TL Backpulver mischen, auf die Eicreme sieben, kurz auf niedrigster Stufe unterrühren

evtl. 15 g zerlassene, abgekühlte Butter	unterrühren
	den Teig in eine gefettete Napfkuchenform (Ø 18 cm) füllen, sofort backen
Ober-/Unterhitze	etwa 180 °C (vorgeheizt)
Heißluft	–
Gas	Stufe 3–4 (vorgeheizt)
Backzeit	etwa 20 Minuten
	das Gebäck 10 Minuten in der Form stehenlassen, auf einen Kuchenrost stürzen, erkalten lassen, dann dreimal waagerecht durchschneiden.
	Für die Füllung
125 g Zartbitter-Schokolade	in kleine Stücke brechen, mit
40 g Butter	in einem kleinen Topf im Wasserbad bei schwacher Hitze zu einer geschmeidigen Masse verrühren
	den unteren Boden mit 1/4 der Schokolade bestreichen, den zweiten Boden auflegen, zuerst mit
2 TL rotem Johannisbeergelee	dann mit 1/3 der übrigen Schokolade bestreichen
	den dritten Boden auflegen, die Hälfte der restlichen Schokolade darauf streichen, mit oberem Boden bedecken.
	Für den Guß
	die übrige Schokolade mit
15 g Kokosfett	nochmals im Wasserbad erwärmen, glattrühren, den Kuchen damit überziehen, mit
abgezogenen, gehackten Mandeln	bestreuen.

Glühweinküchlein

(Foto Seite 39)

	Für den Glühwein
125 ml (1/8 l) Rotwein	mit
1 Zimtstange	
je 1 Stück Zitronen- und Orangenschale (unbehandelt)	
1 EL Zucker	erhitzen, abkühlen lassen, durch ein Sieb gießen.
	Für den Rührteig
250 g Butter	mit Handrührgerät mit Rührbesen auf höchster Stufe geschmeidig rühren, nach und nach die Hälfte von
200 g Zucker	unterrühren
5 Eigelb (Größe M)	
1 Msp. gemahlenen Zimt	
100 g Zartbitter-Schokolade, fein gerieben	und den Glühwein unterrühren
5 Eiweiß	steif schlagen, den restlichen Zucker hinzufügen und alles auf die Glühweinmischung geben
250 g Weizenmehl	mit
1 TL Backpulver	mischen, darübersieben und mit einem Schneebesen vorsichtig unterrühren
	6 gefettete Förmchen (Inhalt: 1/4 l) zu 2/3 mit Teig füllen, auf dem Rost in den Backofen schieben
Ober-/Unterhitze	etwa 180 °C (vorgeheizt)
Heißluft	etwa 160 °C (nicht vorgeheizt)
Gas	etwa Stufe 2 (nicht vorgeheizt)
Backzeit	30–35 Minuten
	die Küchlein in den Formen etwas abkühlen lassen, sie dann daraus lösen, mit
Puderzucker	bestäuben, die Küchlein lauwarm servieren.
Tip	Die Glühweinküchlein können auch in Auflaufförmchen oder ofenfesten Tassen gebacken werden. Mit Eiscreme servieren.

Gugelhupf

(Foto Seite 40)

	Für den Rührteig
100 g Butter oder Margarine	mit Handrührgerät mit Rührbesen auf höchster Stufe geschmeidig rühren, nach und nach
80 g Zucker	
1 Pck. Vanillin-Zucker	unterrühren, so lange rühren, bis eine gebundene Masse entstanden ist
2 Eier	nach und nach unterrühren (jedes Ei etwa ½ Minute)
150 g Weizenmehl	
½ Pck. Backpulver	mischen, sieben und abwechselnd portionsweise mit
50 ml Milch	auf mittlerer Stufe unterrühren (nur so viel Milch verwenden, daß der Teig schwerreißend von einem Löffel fällt)
20 g Rosinen	mit
1 TL Weizenmehl	vermengen und unter den Teig rühren den Teig in die gefettete, mit Mehl ausgestreute Napfkuchenform (Ø 16 cm) füllen, die Form auf dem Rost in den Backofen schieben
Ober-/Unterhitze	etwa 180 °C (vorgeheizt)
Heißluft	etwa 160 °C (nicht vorgeheizt)
Gas	etwa Stufe 3 (nicht vorgeheizt)
Backzeit	etwa 50 Minuten den Gugelhupf auf einen Kuchenrost stürzen, erkalten lassen, ihn dann mit
1 EL Puderzucker	bestäuben.
Tip	Nach Belieben die Rosinen gegen kandierte Früchte austauschen.

Igelkranz

(Foto Seite 98)

	Für den Rührteig
50 g Butter oder Margarine	geschmeidig rühren, nach und nach
50 g Zucker	
1 Pck. Vanillin-Zucker	
1 Ei	unterrühren
100 g Weizenmehl	
1 gestr. TL Backpulver	mischen, sieben, abwechselnd mit
1–2 EL Milch	unterrühren, nur so viel Milch verwenden, daß der Teig schwerreißend vom Löffel fällt

30 g Raspelschokolade	unterheben
	den Teig in eine gut gefettete Springform mit Rohrbodeneinsatz (Ø 16 cm) füllen, auf dem Rost in den Backofen schieben
Ober-/Unterhitze	170–200 °C (vorgeheizt)
Heißluft	150–180 °C (nicht vorgeheizt)
Gas	Stufe 3–4 (nicht vorgeheizt)
Backzeit	etwa 35 Minuten
	den Kuchen 10 Minuten in der Form stehenlassen, auf einen Kuchenrost stürzen, erkalten lassen
	einmal waagerecht durchschneiden, beide Teile wieder mit
2 EL Aprikosenkonfitüre	zusammensetzen.
	Für den Guß
75 g Zartbitterschokolade	mit
1 TL Kokosfett	in einem kleinen Topf im Wasserbad bei schwacher Hitze zu einer geschmeidigen Masse verrühren, den Kranz damit überziehen, mit
20 g abgezogenen, gestifteten Mandeln	spicken.

Karamel-Nougat-Hupf

	Für den Rührteig
125 g Margarine	
100 g Nuß-Nougat	mit Handrührgerät mit Rührbesen auf höchster Stufe geschmeidig rühren, nach und nach
75 g Zucker	
1 Pck. Vanillin-Zucker	unterrühren, so lange rühren, bis eine gebundene Masse entstanden ist
2 Eier	nach und nach unterrühren (jedes Ei etwa ½ Minute)
50 g aufgelöste Zartbitterschokolade	unterrühren
200 g Weizenmehl	mit
2 gestr. TL Backpulver	mischen, sieben, abwechselnd portionsweise mit
4 EL Milch	auf mittlerer Stufe unterrühren
50 g grob gehackte Zartbitterschokolade	unterrühren
	den Teig in eine gefettete, gemehlte Napfkuchenform (Ø 18 cm) füllen, glattstreichen, auf dem Rost in den Backofen schieben

Ober-/Unterhitze etwa 180 °C (vorgeheizt, unterste Einschubleiste)
Heißluft etwa 160 °C (nicht vorgeheizt)
Gas Stufe 3–4 (nicht vorgeheizt)
Backzeit etwa 45 Minuten

Kuchen nach dem Backen noch 10 Minuten in der Form stehenlassen, auf einen Kuchenrost stürzen, erkalten lassen, Kuchen zweimal waagerecht durchschneiden.

Zum Tränken

100 ml Wasser mit
50 g Zucker in einem Topf unter Rühren etwa 2 Minuten kochen lassen, etwas abkühlen lassen, die Schnittflächen des Kuchens damit beträufeln.

Für die Karamel-Sahne

50 g Zucker in einem Topf bei mittlerer Hitze unter Rühren schmelzen
250 ml (1/4 l) Schlagsahne zufügen und so lange rühren, bis der Zucker darin gelöst ist, im Kühlschrank gut durchkühlen lassen (am besten über Nacht)
1 Pck. Sahnesteif mit
1 Msp. Zimtpulver und
1 TL Zucker mischen

kalte Sahne mit Sahnesteifmischung steif schlagen, 2/3 davon auf die Schnittfläche des unteren Kuchenrings streichen, mittleren Ring auflegen, mit restlicher Sahne bestreichen und mit oberem Ring bedecken.

Für die Karamelfäden

250 g Zucker in zwei Portionen verarbeiten, Zucker (125 g) in einem kleinen Topf unter Rühren karamelisieren lassen (d. h., erst rühren, wenn der Zucker beginnt, sich aufzulösen!) und so lange rühren, bis er hellbraun ist, den Topf sofort auf ein nasses Tuch stellen, um ein Nachbräunen zu verhindern, Masse unter Rühren abkühlen lassen, bis sie »Fäden zieht«, mit Hilfe einer Gabel den Kuchen mit Karamelfäden rundherum einspinnen, den übrigen Zucker ebenso verarbeiten. Falls die Masse zu fest wird, einfach wieder erwärmen.

Marmorkuchen

	Für den Rührteig
125 g Butter oder Margarine	mit Handrührgerät mit Rührbesen auf höchster Stufe geschmeidig rühren, nach und nach
100 g Zucker	
1 Pck. Vanillin-Zucker	
½ Fläschchen Rum-Aroma	
1 Prise Salz	unterrühren, so lange rühren, bis eine gebundene Masse entstanden ist
2 Eier	unterrühren (jedes Ei etwa ½ Minute)
150 g Weizenmehl	mit
2 gestr. TL Backpulver	mischen, sieben, portionsweise mit
etwa 1 EL Milch	auf mittlerer Stufe unterrühren (nur so viel Milch verwenden, daß der Teig schwerreißend vom Löffel fällt)
	etwa ⅔ des Teiges in eine gefettete kleine Napfkuchenform (Ø 18 cm) füllen
	unter den Rest des Teiges
1 geh. TL gesiebtes Kakaopulver	
1 geh. TL Zucker	
knapp 1 EL Milch	rühren
	den dunklen Teig auf dem hellen verteilen, eine Gabel spiralförmig durch die beiden Teigschichten ziehen, um ein Marmormuster zu erzielen
Ober-/Unterhitze	etwa 180 °C (vorgeheizt)
Heißluft	etwa 160 °C (nicht vorgeheizt)
Gas	Stufe 2–3 (vorgeheizt)
Backzeit	etwa 50 Minuten
	den Kuchen 10 Minuten in der Form stehenlassen, lösen, auf einen Kuchenrost stürzen und erkalten lassen, vor dem Servieren nach Belieben mit
Puderzucker	bestäuben.

Mini-Mandarinen-Marzipankuchen

(Foto Seite 57)

	Zum Vorbereiten der Form
Mandarinenspalten (aus der Dose, Abtropfgewicht 175 g)	auf einem Sieb gut abtropfen lassen
	eine Springform mit Rohrboden (Ø 16 cm) gut einfetten, mit
Semmelbröseln	ausstreuen
	die Vertiefungen des Bodens mit Mandarinenspalten auslegen.
	Für den Rührteig
75 g Butter oder Margarine	mit dem Handrührgerät mit Rührbesen auf höchster Stufe geschmeidig rühren, nach und nach
50 g Marzipan-Rohmasse	
25 g Zucker	
1 Pck. Vanillin-Zucker	unterrühren, so lange rühren, bis eine gebundene Masse entstanden ist
1 Ei	
1 Eigelb	nach und nach unterrühren (jeweils etwa ½ Minute)
100 g Weizenmehl	mit
1 gestr. TL Backpulver	mischen, sieben, portionsweise auf mittlerer Stufe unterrühren
	zuletzt
3 EL Mandarinensaft	und die in kleine Würfel geschnittene
Marzipan-Rohmasse (25 g)	unterrühren, den Teig in die Form füllen, mit den restlichen Mandarinenspalten belegen, auf dem Rost in den Backofen schieben
Ober-/Unterhitze	170–200 °C (vorgeheizt)
Heißluft	etwa 160 °C (nicht vorgeheizt)
Gas	Stufe 3–4 (nicht vorgeheizt)
Backzeit	40–50 Minuten
	das Gebäck nach 5 Minuten aus der Form lösen, erkalten lassen.
	Für den Guß
150 g Puderzucker	sieben, mit
2 EL Mandarinensaft	glattrühren, das Gebäck (nicht die Mandarinenspalten) damit bestreichen.

Napfkuchen mit Quark

80 g Margarine oder Butter	mit Handrührgerät mit Rührbesen auf höchster Stufe geschmeidig rühren, nach und nach
4 EL Speiseöl	
100 g Zucker	
1 Pck. Vanillin-Zucker	
3 Tropfen Butter-Vanille-Aroma	
1 Prise Salz	unterrühren, so lange rühren, bis eine gebundene Masse entstanden ist
2 Eier (Größe L)	nach und nach unterrühren (jedes Ei etwa ½ Minute)
200 g Magerquark	unterrühren
250 g Weizenmehl	mit
4 gestr. TL Backpulver	mischen, sieben, abwechselnd portionsweise mit
3 EL Milch	auf mittlerer Stufe unterrühren
50 g Rosinen	
100 g getrocknete Aprikosen (in kleine Stücke geschnitten)	vorsichtig auf mittlerer Stufe unter den Teig rühren, ihn in eine gefettete, mit
Semmelbröseln	ausgestreute Napfkuchenform (Ø 16 cm) füllen
Ober-/Unterhitze	etwa 180 °C (vorgeheizt)
Heißluft	etwa 160 °C (nicht vorgeheizt)
Gas	Stufe 2–3 (nicht vorgeheizt)
Backzeit	etwa 1 Stunde
	den Kuchen 10 Minuten in der Form stehenlassen, stürzen, erkalten lassen, mit
30 g Puderzucker	bestäuben.

Nußkuchen

150 g Butter oder Margarine	mit einem Handrührgerät mit Rührbesen auf höchster Stufe in etwa ½ Minute geschmeidig rühren, nach und nach
100 g Zucker **1 Pck. Vanillin-Zucker**	unterrühren, so lange rühren, bis eine gebundene Masse entstanden ist
2 Eier **Salz** **1 Tropfen Bittermandel-Aroma**	nach und nach unterrühren (jedes Ei etwa ½ Minute)
125 g Weizenmehl	mit
½ gestr. TL Backpulver	mischen, sieben, portionsweise auf mittlerer Stufe unterrühren, mit
etwa 2 EL Rum	unterrühren (nur so viel Rum verwenden, daß der Teig schwerreißend vom Löffel fällt)
50 g gemahlene Haselnußkerne	zuletzt unter den Teig heben, ihn in eine gefettete Napfkuchenform (Ø etwa 16 cm) füllen, die Form auf dem Rost in den Backofen schieben
Ober-/Unterhitze	etwa 160 °C (vorgeheizt)
Heißluft	etwa 140 °C (nicht vorgeheizt)
Gas	Stufe 2–3 (vorgeheizt)
Backzeit	60–70 Minuten.

Orangenkuchen

	Für den Rührteig
125 g Butter oder Margarine	mit Handrührgerät mit Rührbesen auf höchster Stufe geschmeidig rühren, nach und nach
100 g Zucker **1 Pck. Vanillin-Zucker** **etwas abgeriebene Schale von 1 Orange (unbehandelt)**	unterrühren, so lange rühren, bis eine gebundene Masse entstanden ist
2 Eier (Größe M)	nach und nach unterrühren (jedes Ei etwa ½ Minute)
75 g Weizenmehl	mit
50 g Speisestärke **½ gestr. TL Backpulver**	mischen, sieben, portionsweise auf mittlerer Stufe unterrühren

30 g abgezogene, gemahlene Mandeln	unter den Teig heben
	den Teig in eine gefettete Napfkuchenform (Ø 16 cm) füllen, die Form auf dem Rost in den Backofen schieben
Ober-/Unterhitze	etwa 180 °C (vorgeheizt)
Heißluft	etwa 160 °C (nicht vorgeheizt)
Gas	Stufe 2–3 (nicht vorgeheizt)
Backzeit	etwa 60 Minuten
	den Kuchen 10 Minuten in der Form stehenlassen, auf einen Kuchenrost stürzen, erkalten lassen.
	Für den Guß
125 g Puderzucker	sieben, mit
etwa 2 EL Orangensaft	verrühren, so daß eine dickflüssige Masse entsteht
	den Kuchen damit überziehen, mit
abgezogenen Mandelhälften	garnieren.

Oster-Savarin

(Foto Seite 58)

	Für den Biskuitteig
2 Eier	
2 EL heißes Wasser	mit Handrührgerät mit Rührbesen auf höchster Stufe in 1 Minute schaumig schlagen
75 g Zucker	
1 Pck. Vanillin-Zucker	
½ Pck. geriebene Orangenschale	mischen, innerhalb 1 Minute einstreuen, dann noch etwa 2 Minuten schlagen
100 g Weizenmehl	mit
25 g Speisestärke	
½ gestr. TL Backpulver	mischen, die Hälfte davon auf die Eiercreme sieben, kurz auf niedrigster Stufe unterrühren, den Rest des Mehlgemischs auf die gleiche Weise unterarbeiten
	den Teig in eine gut gefettete, gut gemehlte Kranzform (Ø 20 cm) füllen
Ober-/Unterhitze	180–200 °C (vorgeheizt)
Heißluft	–
Gas	Stufe 3–4 (vorgeheizt)
Backzeit	etwa 25 Minuten

das Gebäck 5–10 Minuten ruhen lassen, dann aus der Form stürzen und wieder in die gereinigte Form geben
das Gebäck mehrmals mit einem Holzstäbchen einstechen.

Zum Tränken

300 ml Orangensaft
3 EL Orangenlikör erwärmen, den Kranz mit der Hälfte des Saftes mit Hilfe eines Pinsels tränken
das Gebäck abkühlen lassen, dann auf eine Tortenplatte stürzen und mit der restlichen Flüssigkeit tränken.

Zum Bestreichen

2 EL Aprikosenkonfitüre durch ein Sieb streichen, unter Rühren aufkochen lassen
den Kranz damit bestreichen.

Für den Fruchtsalat

1 kleine Dose (240 g) Pfirsiche abtropfen lassen, den Saft auffangen
1 kg vorbereitete Früchte, z. B. Banane, Kiwi, Äpfel, Weintrauben, Pfirsichspalten, Erdbeeren putzen, waschen, mit den Pfirsichen in Spalten oder Würfel schneiden
das Obst in den Pfirsichsaft geben, mit
Saft von 1 Zitrone vermengen

Für die Weinschaumsauce

3 Eier
150 g Zucker
½ Pck. geriebene Orangenschale
1½ EL Orangensaft
1½ EL Zitronensaft
1½ EL Speisestärke
375 ml (⅜ l) Weißwein in einen Kochtopf geben, mit Handrührgerät mit Rührbesen kurz verrühren, dann unter Schlagen so lange erhitzen, bis eine Kochblase aufsteigt
den Savarin mit den abgetropften Früchten füllen, die Sauce dazu reichen.

Pikanter Hefekranz

	Für den Hefeteig
200 g Weizenmehl	in eine Rührschüssel sieben, mit
1 Pck. Trockenbackhefe	sorgfältig vermischen
½ TL Salz	
Paprikapulver edelsüß	
3 Eier	
50 ml lauwarmes Olivenöl	
80 g geriebenen Parmesankäse	zufügen, alles mit Handrührgerät mit Knethaken zunächst auf niedrigster, dann auf höchster Stufe etwa 5 Minuten zu einem glatten Teig verarbeiten Teig zugedeckt an einem warmen Ort so lange gehen lassen, bis er sich sichtbar vergrößert hat
1 Zwiebel	abziehen und fein würfeln
3 EL Olivenöl	erhitzen, Zwiebel mit
100 g gewürfeltem Schinkenspeck	kurz darin dünsten
1 Bund Schnittlauch	
½ Bund Petersilie	abspülen, trockentupfen, fein schneiden die Kräuter unter die Zwiebel-Speck-Masse mischen den Teig leicht mit Mehl bestäuben, aus der Schüssel nehmen und die Zutaten unter den Teig arbeiten den Teig in eine gefettete Kranzform (Ø 20 cm) füllen, nochmals gehen lassen, bis er sich sichtbar vergrößert hat
Ober-/Unterhitze	etwa 180 °C (vorgeheizt)
Heißluft	etwa 160 °C (nicht vorgeheizt)
Gas	etwa Stufe 3 (nicht vorgeheizt)
Backzeit	etwa 40 Minuten den Hefekranz 10 Minuten in der Form stehenlassen, lösen und auf einen Kuchenrost stürzen.
Tip	Der pikante Kranz schmeckt warm und kalt. Besonders lecker dazu schmeckt ein würziger Kräuterquark.

Preiselbeerkranz

	Für den Teig
125 ml (⅛ l) Wasser	
30 g Butter oder Margarine	am besten in einem Stieltopf zum Kochen bringen
100 g Weizenmehl	mit
20 g Speisestärke	mischen, sieben, auf einmal in die von der Kochstelle genommene Flüssigkeit schütten, zu einem glatten Kloß rühren, unter Rühren etwa 1 Minute erhitzen, den heißen Kloß sofort in eine Rührschüssel geben, nach und nach
2–3 Eier	mit einem Handrührgerät mit Knethaken auf höchster Stufe unterarbeiten (weitere Eizugabe erübrigt sich, wenn der Teig stark glänzt und so von einem Löffel abreißt, daß lange Spitzen hängenbleiben)
½ gestr. TL Backpulver	in den erkalteten Teig arbeiten, auf einem gefetteten, mit Weizenmehl bestäubten Backblech einen Kreis (Ø etwa 22 cm) markieren, den Teig in einen Spritzbeutel (gezackte Tülle) füllen, aus ⅔ des Teiges im Kreisinneren einen Kranz spritzen, den restlichen Teig spiralförmig darauf spritzen, das Backblech in den Backofen schieben
Ober-/Unterhitze	200–220 °C (vorgeheizt)
Heißluft	180–200 °C (nicht vorgeheizt)
Gas	Stufe 4–5 (vorgeheizt)
Backzeit	20–25 Minuten
	während der ersten 15 Minuten Backzeit die Backofentür nicht öffnen, da das Gebäck sonst zusammenfällt
	sofort nach dem Backen von dem Kranz einen Deckel abschneiden.
	Für die Füllung
200 g gedünstete Preiselbeeren	gut abtropfen lassen
40 g Zartbitter-Schokolade	reiben
400 ml Schlagsahne	½ Minute schlagen
20 g Zucker	mit
1 Pck. Vanillin-Zucker	
2 Pck. Sahnesteif	mischen, einstreuen, die Sahne steif schlagen, Preiselbeeren und Schokolade vorsichtig unterrühren
	die Preiselbeer-Sahne auf die untere Kranzhälfte verteilen, den Deckel darauf legen, mit
Puderzucker	bestäuben.

Zwei kleine Lieblingskuchen, Rezept Seite 85

Apfel-Sahnetorte, Rezept Seite 92

Zitronen-Gugelhupf mit Eisenbahn aus Marzipan, Rezept Seite 84

Ananas-Ingwer-Kuchen, Rezept Seite 89

Rodonkuchen

	Für den Rührteig
125 g Butter oder Margarine	mit Handrührgerät mit Rührbesen auf höchster Stufe geschmeidig rühren, nach und nach
100 g Zucker	
1 Pck. Vanillin-Zucker	
3 Tropfen Zitronen-Aroma	
1 Prise Salz	unterrühren, so lange rühren, bis eine gebundene Masse entstanden ist
2 Eier (Größe M)	unterrühren (jedes Ei etwa ½ Minute)
150 g Weizenmehl	mit
2 gestr. TL Backpulver	mischen, sieben, abwechselnd portionsweise mit
etwa 3 EL Milch	auf mittlerer Stufe unterrühren (nur so viel Milch verwenden, daß der Teig schwerreißend von einem Löffel fällt)
50 g Korinthen	
50 g Rosinen	zuletzt unter den Teig heben, ihn in eine gefettete, mit
Semmelbröseln	ausgestreute Napfkuchenform (Ø 18 cm) füllen, die Form auf dem Rost in den Backofen schieben
Ober-/Unterhitze	etwa 180 °C (vorgeheizt)
Heißluft	etwa 160 °C (nicht vorgeheizt)
Gas	Stufe 2–3 (nicht vorgeheizt)
Backzeit	etwa 55 Minuten
	den Kuchen 10 Minuten in der Form stehenlassen, auf einen Kuchenrost stürzen und erkalten lassen, vor dem Servieren mit
Puderzucker	bestäuben.

Schokoladenkuchen

(Foto Seite 59)

	Für den Rührteig
50 g Butter	geschmeidig rühren, nach und nach
50 g Zucker	
1 Pck. Vanillin-Zucker	
1 Prise Salz	
1 Ei	unterrühren
100 g Weizenmehl	mit
1 gestr. TL Backpulver	mischen, sieben, abwechselnd mit
2 EL Milch	unterrühren

30 g gemahlene Haselnußkerne	unterrühren
	⅔ des Teiges in gefettete, mit gemahlenen Haselnüssen ausgestreute Napfkuchenform (Ø 16 cm) füllen
20 g gehackte Vollmilchschokolade	
1 TL gesiebtes Kakaopulver	unter den Teigrest rühren, auf den hellen Teig geben, mit einer kleinen Gabel den Teig vorsichtig vermengen (marmorieren), die Form auf dem Rost in den Backofen schieben
Ober-/Unterhitze	170–200 °C (vorgeheizt)
Heißluft	150–180 °C (nicht vorgeheizt)
Gas	Stufe 2–3 (nicht vorgeheizt)
Backzeit	30–40 Minuten
	das Gebäck 10 Minuten in der Form stehenlassen, auf einen Kuchenrost stürzen, erkalten lassen
Tip:	Den Schokoladenkuchen nach Belieben mit Puderzucker bestäuben oder mit zerlassener Kuvertüre überziehen.

Schwarzwaldkuchen

	Für den Rührteig
100 g Butter	mit Handrührgerät mit Rührbesen auf höchster Stufe geschmeidig rühren, nach und nach
150 g Zucker	
1 Pck. Vanillin-Zucker	
1 TL gemahlener Zimt	
1 TL Rum	unterrühren, so lange rühren, bis eine gebundene Masse entstanden ist
2 Eier	nach und nach unterrühren (jedes Ei etwa ½ Minute)
100 g Weizenmehl	mit
1 gestr. TL Backpulver	mischen, sieben, portionsweise auf mittlerer Stufe unterrühren
1 EL Kakaopulver	
½ TL Instant-Kaffee	
50 g gemahlene Haselnußkerne	zuletzt unterrühren
	den Teig in eine gefettete Napfkuchenform (Ø 16 cm) füllen, die Form auf dem Rost in den Backofen schieben

Ober-/Unterhitze	etwa 180 °C (vorgeheizt)
Heißluft	etwa 160 °C (nicht vorgeheizt)
Gas	Stufe 2–3 (nicht vorgeheizt)
Backzeit	etwa 35 Minuten
	den Kuchen 10 Minuten in der Form stehenlassen, auf einen Kuchenrost stürzen, erkalten lassen.
	Für die Glasur
Fettglasur oder Kuvertüre	nach Packungsanweisung auflösen, den Kuchen überziehen.

Weihnachtskuchen

(Foto Seite 60)

	Für den Rührteig
100 g Butter oder Margarine	mit Handrührgerät mit Rührbesen auf höchster Stufe geschmeidig rühren, nach und nach
75 g Zucker	
1 Pck. Vanillin-Zucker	unterrühren, so lange rühren, bis eine gebundene Masse entstanden ist
2 Eier	nach und nach unterrühren (jedes Ei etwa ½ Minute)
150 g Weizenmehl	mit
1 gestr. TL Backpulver	mischen, sieben und abwechselnd portionsweise mit
1–2 EL Milch	auf mittlerer Stufe unterrühren (der Teig muß schwerreißend vom Löffel fallen)
50 g abgezogene, gemahlene Mandeln	
50 g gehackte Walnußkerne	unterheben
	den Teig in eine gut gefettete, mit gemahlenen Mandeln ausgestreute Napfkuchenform (Ø 18 cm) füllen, die Form auf dem Rost in den Backofen schieben
Ober-/Unterhitze	170–200 °C (vorgeheizt)
Heißluft	150–180 °C (nicht vorgeheizt)
Gas	Stufe 3–4 (nicht vorgeheizt)
Backzeit	etwa 50 Minuten
	den Kuchen 10 Minuten in der Form stehenlassen, auf einen Kuchenrost stürzen, erkalten lassen.
	Für den Guß
100 g Puderzucker	sieben, mit
1–2 EL Zitronensaft	zu einem dickflüssigen Guß verrühren, gleichmäßig über den Kuchen laufen lassen, mit
Süßigkeiten	garnieren.

Zitronen-Gugelhupf mit Eisenbahn aus Marzipan (Foto Seite 79)

	Für den Rührteig
150 g Butter oder Margarine	mit Handrührgerät mit Rührbesen auf höchster Stufe geschmeidig rühren, nach und nach
150 g Zucker	
1 Pck. Vanillin-Zucker	unterrühren, so lange rühren, bis eine gebundene Masse entstanden ist
1 Fläschch. Zitronen-Aroma	
3 Eier	nach und nach unterrühren (jedes Ei etwa ½ Minute)
125 g Weizenmehl	mit
75 g Speisestärke	
1 gestr. TL Backpulver	mischen, sieben, portionsweise auf mittlerer Stufe unterrühren
	den Teig in eine Napfkuchen-Form (Ø 16 cm), gefettet, gemehlt) füllen, auf dem Rost in den Backofen schieben
Ober-/Unterhitze	etwa 170 °C (vorgeheizt)
Heißluft	etwa 150 °C (nicht vorgeheizt)
Gas	Stufe 2–3 (nicht vorgeheizt)
Backzeit	etwa 45 Minuten
	den gebackenen Kuchen 5 Minuten in der Form abkühlen lassen, stürzen, mit dem
Saft einer Zitrone	tränken, erkalten lassen.

	Für den Guß
100 g gesiebten Puderzucker	mit
etwas Eiweiß	
3 Tropfen Zitronen-Aroma	
gelber Speisefarbe	zu einer dickflüssigen Masse verrühren, den Kuchen damit überziehen.

	Für die Eisenbahn
100 g Marzipan-Rohmasse	portionsweise mit
Speisefarben	einfärben, eine Lokomotive und 2 Waggons formen, mit Puderzuckerguß verzieren, mit
Schokolinsen	
buntem Zucker	garnieren
	etwas Puderzuckerguß mit
gesiebtem Kakaopulver	einfärben, als »Schienen« auf den Kuchen spritzen, die Eisenbahn aufsetzen.

Zwei kleine Lieblingskuchen

(Foto Seite 77)

	Für den Rührteig
50 g Butter	geschmeidig rühren, nach und nach
50 g Zucker	
1 Pck. Vanillin-Zucker	unterrühren
1 Prise Salz	
1 Ei	hinzufügen
75 g Weizenmehl	mit
25 g Speisestärke	
1 gestr. TL Backpulver	mischen, sieben, abwechselnd portionsweise mit
1 EL Milch	unterrühren
50 g abgezogene, gemahlene Mandeln	unterrühren
30 g Marzipan-Rohmasse	
15 g gesiebten Puderzucker	verkneten, mit
grüner Speisefarbe	färben
	die Masse zu kleinen Kugeln formen
	diese unter ⅔ des Teiges heben, den Teig in eine gut gefettete, mit gemahlenen Mandeln ausgestreute Napfkuchenform (Ø 12 cm) füllen
	unter den Teigrest
1 Tropfen Zitronen-Aroma	rühren, in eine gut gefettete, mit gemahlenen Mandeln ausgestreute Napfkuchenform (Ø 10 cm) füllen, die Formen auf dem Rost in den Backofen schieben
Ober-/Unterhitze	170–200 °C (vorgeheizt)
Heißluft	150–180 °C (vorgeheizt)
Gas	Stufe 2–3 (vorgeheizt)
Backzeit	etwa 30 Minuten
	Gebäck aus den Formen lösen, erkalten lassen.
	Für den Schokoladenguß
50 g Schokolade	
10 g Butter	im Wasserbad bei schwacher Hitze zu einer geschmeidigen Masse verrühren
	den größeren Kuchen damit bestreichen und sofort mit
Süßigkeiten	
buntem Zucker	garnieren oder bestreuen.

	Für den Zitronenguß
30 g gesiebten Puderzucker	mit
1–2 TL Wasser oder Zitronensaft	verrühren, auf den kleinen Kuchen geben, nach Belieben mit
Gummibärchen	garnieren.

Napfkuchen mit Schokoladenstückchen

	Für den Rührteig
125 g Butter oder Margarine	mit Handrührgerät mit Rührbesen auf höchster Stufe geschmeidig rühren, nach und nach
100 g Zucker	
1 Pck. Vanillin-Zucker	
1 Prise Salz	unterrühren, so lange rühren, bis eine gebundene Masse entstanden ist
2 Eier (Größe M)	nach und nach unterrühren (jedes Ei etwa ½ Minute)
150 g Weizenmehl	mit
2 gestr. TL Backpulver	mischen, sieben, abwechselnd portionsweise mit
1 EL Milch	auf mittlerer Stufe unterrühren
50 g Schokolade	in kleine Stücke schneiden, zuletzt unter den Teig heben, ihn in eine gefettete Napfkuchenform (Ø 18 cm) füllen
	die Form auf dem Rost in den Backofen schieben
Ober-/Unterhitze	etwa 180 °C (vorgeheizt)
Heißluft	etwa 160 °C (nicht vorgeheizt)
Gas	Stufe 2–3 (nicht vorgeheizt)
Backzeit	etwa 55 Minuten
	den Kuchen 10 Minuten in der Form stehenlassen, auf einen Kuchenrost stürzen und erkalten lassen, nach Belieben mit
Puderzucker	bestäuben.

Torten aus der Springform

Ananas-Ingwer-Kuchen

(Foto Seite 80)

125 g getrocknete Ananas	fein würfeln, in
3 EL weißem Rum	(am besten über Nacht) durchziehen lassen.
	Für den Rührteig
75 g Butter oder Margarine	mit Handrührgerät mit Rührbesen auf höchster Stufe geschmeidig rühren, nach und nach
75 g Zucker	
1 Pck. Vanillin-Zucker	
1 Prise Salz	unterrühren, so lange rühren, bis eine gebundene Masse entstanden ist
1 Msp. gemahlenen Ingwer	zugeben
3 Eigelb	nach und nach unterrühren (jedes Eigelb knapp ½ Minute)
150 g Weizenmehl	mit
2 gestr. TL Backpulver	mischen, sieben, portionsweise auf mittlerer Stufe unterrühren
3 Eiweiß	steif schlagen, mit
50 g abgezogenen, gemahlenen Mandeln	und den eingeweichten Ananas-Stückchen unterheben
	den Teig in eine Springform (Ø 18 cm, Boden gefettet, mit Backpapier belegt) füllen, glattstreichen
Ober-/Unterhitze	etwa 170 °C (vorgeheizt)
Heißluft	etwa 150 °C (nicht vorgeheizt)
Gas	etwa Stufe 3 (nicht vorgeheizt)
Backzeit	etwa 50 Minuten
	sofort nach dem Backen die Springform lösen, das Gebäck auf einen mit Backpapier belegten Kuchenrost stürzen, abkühlen lassen, mit
3 EL weißem Rum	tränken
1 EL Ananas-Konfitüre	mit
1 EL Ingwer-Konfitüre	verrühren, erwärmen, den Kuchen damit bestreichen.
	Für den Belag
125 g Marzipan-Rohmasse	mit
25 g gesiebtem Puderzucker	verkneten, auf Puderzucker ausrollen, den Rand und die Oberfläche des Gebäcks damit belegen, kalt stellen.

	Für den Guß
150 g gesiebten Puderzucker	mit
etwas Eiweiß	zu einer dickflüssigen Masse verrühren, den Kuchen damit überziehen, Guß fest werden lassen.
	Zum Garnieren
100 g Marzipan-Rohmasse	gut durchkneten, nach Belieben mit
Speisefarbe	einfärben, daraus eine Schleife mit Bändern formen, auf den Kuchen legen, nach Belieben mit
bunten Süßigkeiten	garnieren.

Apfelkuchen, sehr fein

	Für den Rührteig
30 g Butter oder Margarine	geschmeidig rühren
30 g Zucker	
1 Pck. Vanillin-Zucker	
2 Tropfen Zitronen-Aroma	
etwas Salz	unterrühren, so lange rühren, bis eine gebundene Masse entstanden ist
1 Ei (Größe M)	unterrühren (etwa ½ Minute)
50 g Weizenmehl	mit
½ gestr. TL Backpulver	mischen, sieben, unterrühren den Teig in eine Springform (Ø 16 cm, Boden gefettet) füllen, glattstreichen.
	Für den Belag
2 kleine Äpfel	schälen, vierteln, entkernen, mehrmals der Länge nach einritzen, kranzförmig auf den Teig legen, die Form auf dem Rost in den Backofen schieben
Ober-/Unterhitze	180–200 °C (vorgeheizt)
Heißluft	160–180 °C (nicht vorgeheizt)
Gas	Stufe 3–4 (nicht vorgeheizt)
Backzeit	etwa 35 Minuten den erkalteten Kuchen mit
Puderzucker	bestäuben.

Apfelkuchen

	Für den Quark-Öl-Teig
100 g Weizenmehl	mit
1 Pck. Backpulver	mischen, in eine Rührschüssel sieben
50 g Speisequark	
2 EL Milch	
2 EL Speiseöl	
25 g Zucker	
1 Pck. Vanillin-Zucker	
1 Prise Salz	hinzufügen
	die Zutaten mit Handrührgerät mit Knethaken auf höchster Stufe in etwa 1 Minute zu einem Teig verarbeiten (nicht zu lange, Teig klebt sonst)
	anschließend auf der bemehlten Arbeitsfläche zu einer Rolle formen
	den Teig auf dem gefetteten Boden der Springform (Ø 20 cm) ausrollen, den Springformrand darumlegen.
	Für den Belag
250 g Äpfel	schälen, vierteln, entkernen, in etwa ½ cm dicke Scheiben schneiden
	den Boden gleichmäßig mit den Äpfeln belegen
10 g Korinthen	
1 gestr. TL Zucker	darüberstreuen
10 g Butter	in Flöckchen darüber verteilen
Ober-/Unterhitze	etwa 180 °C (vorgeheizt, unterste Schiene)
Heißluft	etwa 160 °C (nicht vorgeheizt)
Gas	Stufe 2–3 (nicht vorgeheizt)
Backzeit	etwa 40–45 Minuten
	das Gebäck 10 Minuten in der Form stehenlassen, lösen, auf einem Kuchenrost erkalten lassen.
	Für den Guß
50 g gesiebten Puderzucker	mit
1 EL Zitronensaft	zu einem zähflüssigen Guß verrühren, den Kuchen damit besprenkeln, fest werden lassen.

Apfel-Sahnetorte

(Foto Seite 78)

	Für den Biskuitteig
3 Eier	mit
3 EL Wasser	mit Handrührgerät mit Rührbesen auf höchster Stufe in 1 Minute schaumig schlagen
125 g Zucker	mit
1 Prise Salz	mischen, innerhalb 1 Minute einstreuen, dann noch etwa 2 Minuten schlagen, die Hälfte von
100 g Weizenmehl	auf die Eiercreme sieben, kurz auf niedrigster Stufe unterrühren, das restliche Mehl auf die gleiche Weise unterarbeiten
90 g zerlassene, abgekühlte Butter	unterrühren
	den Teig in eine Springform (Ø 22 cm, Boden mit Backpapier belegt) füllen, sofort backen
Ober-/Unterhitze	180–200 °C (vorgeheizt)
Heißluft	–
Gas	Stufe 3–4 (vorgeheizt)
Backzeit	etwa 35 Minuten
	den ausgekühlten Biskuitteig dreimal waagerecht durchschneiden.
	Für den Knetteig
120 g Weizenmehl	in eine Rührschüssel sieben
60 g Zucker	
40 g abgezogene, gemahlene Mandeln	
1 Ei	
100 g Butter	hinzufügen
	die Zutaten mit Handrührgerät mit Knethaken zunächst kurz auf niedrigster, dann auf höchster Stufe kurz durcharbeiten, anschließend auf der Arbeitsfläche zu einem glatten Teig verkneten, sollte er kleben, ihn eine Zeitlang kalt stellen
	den Teig auf dem Boden einer Springform (Ø 22 cm) dünn ausrollen, mehrmals mit einer Gabel einstechen, den Springformrand um den Boden legen, vorbacken

Ober-/Unterhitze	etwa 180 °C (vorgeheizt)
Heißluft	etwa 160 °C (vorgeheizt)
Gas	Stufe 3–4 (vorgeheizt)
Backzeit	etwa 10 Minuten.
	Für die Apfelmasse
4 süß-säuerliche Äpfel, z. B. Boskop	schälen, vierteln, das Kerngehäuse entfernen und kleinschneiden oder grob raffeln, mit
60 g Zucker	
20 g abgezogenen gehackten Mandeln	
40 g Rosinen	
Saft von ½ Zitrone	vermischen einen Biskuitboden auf den vorgebackenen Knetteigboden legen, die Hälfte der Apfelmasse auf den Boden geben, den zweiten Biskuitboden darauf legen, die restliche Apfelmasse darüber geben
Ober-/Unterhitze	etwa 180 °C (vorgeheizt)
Heißluft	etwa 160 °C (vorgeheizt)
Gas	Stufe 3–4 (vorgeheizt)
Backzeit	etwa 20 Minuten die Torte auskühlen lassen, den dritten Biskuitboden darauf legen.
	Für die Sahne
200 ml Schlagsahne	mit
etwa 50 g Zucker	
1 Pck. Sahnesteif	steif schlagen
1 EL Calvados	unterrühren, die Torte mit einem Teil der Sahne bestreichen, restliche Sahne in einen Spritzbeutel füllen, die Torte in 12 Stücke teilen und jeweils 1 Rosette darauf spritzen.
	Für die Dekoration
2 Äpfel	vorbereiten auf jede Rosette je ein doppelt keilförmiges Apfelstück legen, in die Mitte leicht blanchierte Apfelspalten legen, die Apfelscheiben mit
Zitronensaft	
Honig	bestreichen, die Torte mit
gerösteten, gehackten Mandeln	bestreuen.

Aprikosentorte

	Für den Knetteig
100 g Weizenmehl	mit
½ gestr. TL Backpulver	mischen, in eine Rührschüssel sieben
100 g Zucker	
1 Prise Salz	
1 Eigelb	
½ TL Zimt	
100 g Margarine	
100 g nicht abgezogene, gemahlene Mandeln	und nach Belieben
1 Msp. gemahlene Nelken	hinzufügen
	die Zutaten mit Handrührgerät mit Knethaken zunächst kurz auf niedrigster, dann auf höchster Stufe gut durcharbeiten, anschließend auf der Arbeitsfläche zu einem glatten Teig verkneten, sollte er kleben, ihn eine Zeitlang kalt stellen
	etwa ⅕ des Teiges für das Gitter zurücklegen, den übrigen Teig ausrollen, den gefetteten Boden einer Springform damit auslegen, den Teig am Rand etwa 1 cm hochdrücken
1 kleine Dose Aprikosen	auf einem Sieb abtropfen lassen und auf dem Boden verteilen
	unter den zurückgelassenen Teig
25 g Weizenmehl	kneten, in der Größe der Springform einen dünnen Boden ausrollen, daraus 1½ cm breite Streifen rädern und zu einem Gitter über die Aprikosen legen, auf dem Rost in den Backofen schieben
Ober-/Unterhitze	etwa 200 °C (vorgeheizt)
Heißluft	etwa 180 °C (nicht vorgeheizt)
Gas	Stufe 4 (nicht vorgeheizt)
Backzeit	30–40 Minuten.

Birnentorte Linzer Art

	Für die Füllung
2 Birnen (300g)	waschen, vierteln, entkernen, klein würfeln und mit
50 g Zucker	in einem Topf unter Rühren musig kochen (evtl. pürieren)
2 EL Birnengeist	unterrühren, etwas abkühlen lassen
	Für den Rührteig
75 g weiche Butter	mit Handrührgerät mit Rührbesen auf höchster Stufe geschmeidig rühren, nach und nach
75 g Zucker	
1 Pck. Bourbon-Vanille-Zucker	
2 Tropfen Bittermandel-Aroma	
½–1 TL gemahlenen Zimt	unterrühren, so lange rühren, bis eine gebundene Masse entstanden ist
2 Eier	nach und nach unterrühren (jedes Ei etwa ½ Minute)
75 g Weizenmehl	mit
1 gestr. TL Backpulver	mischen, sieben, auf mittlerer Stufe unterrühren
100 g gemahlene Haselnüsse	unterrühren
	den Teig in einer Springform (Ø 20 cm, Boden gefettet) glattstreichen, die Füllung gleichmäßig darauf verteilen.
	Für die Makronenmasse
50 g Marzipan-Rohmasse	klein würfeln
30 g Zucker	
1 Eiweiß	hinzufügen, mit Handrührgerät mit Rührbesen gut verrühren
	zuletzt
50 g gemahlene Haselnüsse	unterrühren
	Masse in einen Spritzbeutel mit Lochtülle (Ø 8 mm) füllen und ein Gitter auf die Füllung spritzen, auf dem Rost in den Backofen schieben
Ober-/Unterhitze	etwa 180 °C (vorgeheizt)
Heißluft	etwa 160 °C (nicht vorgeheizt)
Gas	Stufe 3–4 (nicht vorgeheizt)
Backzeit	etwa 45 Minuten
	Torte in der Form auf einem Kuchenrost erkalten lassen, mit
Puderzucker	bestäuben.

Brownie Cake mit Sonnenblumenkernen

(Foto Seite 97)

	Für den Teig
2 Eier	trennen, das Eiweiß mit
1 Prise Salz	sehr steif schlagen
75 g Zucker	unter ständigem Schlagen einrieseln lassen, die Eigelbe nach und nach unterrühren
40 g geriebene Sonnenblumenkerne	
40 g Weizenmehl	
15 g Kakaopulver	
1 gestr. TL Backpulver	mischen, sieben, gleichmäßig unterziehen
	den Teig in eine Springform (Ø 20 cm, Boden gefettet) füllen, glattstreichen
Ober-/Unterhitze	etwa 180 °C (vorgeheizt)
Heißluft	etwa 160 °C (nicht vorgeheizt)
Gas	etwa Stufe 3 (vorgeheizt)
Backzeit	etwa 40 Minuten
	den Boden auf einem Kuchengitter vollkommen erkalten lassen.
	Für die Vanillecreme
1 Pck. Pudding-Pulver Vanille-Geschmack	mit etwas von
350 ml Wasser	und
1 frisches Eigelb	anrühren, das restliche Wasser mit
40 g Zucker, 1 Prise Salz	zum Kochen bringen, das angerührte Pudding-Pulver in das von der Kochstelle genommene Wasser einrühren, unter Rühren kurz aufkochen lassen, erkalten lassen, dabei ab und zu umrühren, unter den kalten Pudding
1 EL Zitronensaft	
abgeriebene Schale von ½ Zitrone	
2 EL Joghurt	
1 reife, zerdrückte Banane	unterrühren
	den Tortenboden einmal waagerecht durchschneiden, beide Böden mit
3 EL Johannisbeergelee	bestreichen, mit Vanillecreme füllen
150 g dunkle Kuvertüre	in einen kleinen Topf im Wasserbad bei schwacher Hitze zu einer geschmeidigen Masse verrühren, die Torte damit überziehen, mit
50 g Sonnenblumenkernen	bestreuen.

Brownie-Cake mit Sonnenblumenkernen, Rezept Seite 95 *Fruchtige Bananentorte, Rezept Seite 109*

Kleine Ananastorte, Rezept S. 128
Mini-Birnenkuchen, Rezept S. 128

Kleine Himmelstorte, Rezept S. 115

Igelkranz, Rezept S. 66
Bäumchenkuchen, Rezept S. 101

Festtagstorte, Rezept Seite 108

Obstteilchen, Rezept Seite 181

Bäumchenkuchen

(Foto Seite 98)

	Für den Rührteig
50 g Butter oder Margarine	geschmeidig rühren
50 g Farinzucker	
1 Pck. Vanillin-Zucker	
1 Ei	nach und nach unterrühren
50 g Weizenmehl	
50 g Speisestärke	
1 gestr. TL Backpulver	mischen, sieben, abwechselnd mit
2 EL Milch	unterrühren
20 g Rosinen	
20 g abgezogene, gemahlene Mandeln	
1 EL getrocknete, gewürfelte Aprikosen	unterheben
	den Teig in eine Springform (Ø 16 cm, Boden gefettet) füllen, glattstreichen, auf dem Rost in den Backofen schieben
Ober-/Unterhitze	170–200 °C (vorgeheizt)
Heißluft	150–180 °C (vorgeheizt)
Gas	Stufe 3–4 (vorgeheizt)
Backzeit	etwa 30 Minuten
2 EL Aprikosenkonfitüre	durch ein Sieb streichen
	den Kuchen auf einen Kuchenrost geben, mit Konfitüre bestreichen, erkalten lassen.
	Zum Garnieren
100 g Marzipan-Rohmasse	mit
50 g gesiebtem Puderzucker	verkneten, ⅔ davon abnehmen, mit
grüner Speisefarbe	färben, den Rest mit
roter Speisefarbe	färben
	grünes Marzipan auf etwas Puderzucker ausrollen, zwei Streifen von 25 x 6 cm schneiden, die Marzipanstreifen auf den Kuchen legen, den überstehenden Rand mit einer Schere in Abständen von ½ cm einschneiden, abwechselnd nach außen und innen biegen
	das rote Marzipan auf etwas Puderzucker ausrollen, Marzipanbäumchen ausstechen, mit etwas
Konfitüre	auf den Kuchen kleben.

Canachetorte

	Für den Teig
2 Eier (Größe M)	
2 EL heißes Wasser	mit Handrührgerät mit Rührbesen auf höchster Stufe in 1 Minute schaumig schlagen
75 g Zucker	mit
1 Pck. Vanillin-Zucker	mischen, innerhalb 1 Minute einstreuen, dann noch etwa 2 Minuten schlagen
75 g Weizenmehl	mit
½ TL Backpulver	mischen, auf die Eiercreme sieben, kurz auf niedrigster Stufe unterrühren zuletzt
50 g abgezogene, gemahlene Mandeln	unterrühren den Teig in eine Springform (Ø 18 cm, Boden gefettet, mit Backpapier belegt) füllen, sofort backen
Ober-/Unterhitze	170–200 °C (vorgeheizt)
Gas	Stufe 3–4 (nicht vorgeheizt)
Heißluft	–
Backzeit	etwa 20 Minuten den Tortenboden aus der Form lösen, stürzen, erkalten lassen.
	Für die helle Canache
100 g weiße Kuvertüre	kleinhacken
50 ml Schlagsahne	aufkochen, von der Kochstelle nehmen, die Kuvertüre unterrühren, so lange rühren, bis sie geschmolzen ist, dann
50 g Butter	unterrühren, die Masse mit
1–2 EL Kirschwasser	abschmecken, kalt stellen, bevor sie fest ist, so lange mit Handrührgerät mit Rührbesen schlagen, bis eine cremige Masse entstanden ist.
	Für die dunkle Canache
200 g Halbbitter-Kuvertüre	
100 ml Schlagsahne	
1–2 EL Weinbrand	ebenso wie die helle Canache zubereiten (aber ohne Butter)
50 g Aprikosenkonfitüre	durch ein Sieb streichen, mit
knapp 1 EL Wasser	unter Rühren etwas einkochen lassen

den Tortenboden zweimal durchschneiden
den unteren Boden mit der Aprikosenkonfitüre bestreichen, darauf die Hälfte der dunklen Canache streichen, mit dem mittleren Boden bedecken, gut andrücken

50 g Waldbeerkonfitüre durch ein Sieb streichen, mit
knapp 1 EL Wasser unter Rühren etwas einkochen lassen, den mittleren Boden damit bestreichen, darauf zwei Drittel der hellen Canache streichen, mit dem oberen Boden bedecken, andrücken, Rand und Oberfläche der Torte mit der restlichen dunklen Canache bestreichen
die Torte kalt stellen, damit die Canache fest wird
die restliche helle Canache nochmals etwas erwärmen, aufschlagen, den Rand der Torte damit bestreichen, mit

5 g gemahlenen Pistazienkernen bestreuen.

Zum Garnieren

40 g weiße Kuvertüre in einem kleinen Topf im Wasserbad bei schwacher Hitze geschmeidig rühren, unter zwei Drittel der Kuvertüre

20 g abgezogene, gehackte, leicht geröstete Mandeln rühren, auf Backpapier streichen, fest werden lassen, in unterschiedlich große Dreiecke schneiden, auf eine Tortenhälfte legen, die andere Hälfte mit der übrigen Kuvertüre besprenkeln.

Christkinds Möhrchentorte

(Foto Seite 117)

	Für den Teig
7 Eigelb	und
200 g braunen Rohrzucker	sehr schaumig schlagen
400 g abgezogene, gemahlene Mandeln	
300 g fein geriebene Möhren	
75 g Speisestärke	
½ TL gemahlenen Zimt	
1 Msp. gemahlene Nelken	
1 Msp. Kardamon	
1 Prise Salz	vorsichtig unterheben
7 Eiweiß	zu steifem Schnee schlagen, unterheben
	den Teig in 2 Springformen (Ø 22 cm und 16 cm, Böden gefettet, mit Backpapier belegt) füllen, glattstreichen, auf den Rost in den Backofen schieben
Ober-/Unterhitze	170–200 °C (vorgeheizt)
Heißluft	150–180 °C (nicht vorgeheizt)
Gas	Stufe 3–4 (nicht vorgeheizt)
	Backzeit
	45–55 Minuten
	die Kuchen aus den Formen stürzen, Backpapier entfernen, die Kuchen erkalten lassen.
	Für den Guß
200 g Halbbitter-Kuvertüre	
20 g Kokosfett	in einem kleinen Topf im Wasserbad bei schwacher Hitze zu einer geschmeidigen Masse verrühren, beide Kuchen damit überziehen, den kleinen Kuchen auf den großen Kuchen setzen.
	Zum Garnieren
50 g Marzipan-Rohmasse	mit
25 g gesiebtem Puderzucker	verkneten, mit
roter Speisefarbe	färben
	Marzipan zwischen Klarsichtfolie oder auf 1 Eßlöffel Puderzucker ausrollen, mit Ausstechförmchen Engel und Sterne ausstechen, auf der Torte verteilen, mit
Plätzchenschmuck	und
kleinen Kerzen	garnieren.

Erdbeer-Vanillesahne-Torte

(Foto Seite 118)

	Für den Knetteig
10 g Weizenmehl	in eine Rührschüssel sieben
30 g Zucker	
1 gestr. TL Kakaopulver	
1 Eigelb	
60 g Butter	hinzufügen
	die Zutaten mit Handrührgerät mit Knethaken zunächst kurz auf niedrigster, dann auf höchster Stufe kurz durcharbeiten, anschließend auf der Arbeitsfläche zu einem glatten Teig verkneten, den Teig in Folie verpackt mindestens 30 Minuten im Kühlschrank ruhen lassen.
	Für den Biskuitteig
2 Eier	mit Handrührgerät mit Rührbesen auf höchster Stufe in 1 Minute schaumig schlagen
50 g Zucker	mit
1 Pck. Vanillin-Zucker	
1 Prise Salz	mischen, innerhalb 1 Minute einstreuen, dann noch etwa 2 Minuten schlagen
40 g Weizenmehl	mit
25 g Speisestärke	
1 Msp. Backpulver	mischen, auf die Eiercreme sieben, kurz auf niedrigster Stufe unterrühren
1 TL fein geriebene Zitronenschale	hinzufügen, vorsichtig unterrühren, den Teig in eine Springform (Ø 20 cm, Boden gefettet, mit Backpapier belegt) füllen, sofort backen
Ober-/Unterhitze	etwa 200 °C (vorgeheizt)
Heißluft	–
Gas	Stufe 3–4 (vorgeheizt)
Backzeit	15–20 Minuten
	den Boden auf einem Kuchenrost auskühlen lassen, einmal waagerecht durchschneiden, den Knetteig auf dem Boden einer Springform (Ø 20 cm) ausrollen, mehrmals mit einer Gabel einstechen
Ober-/Unterhitze	etwa 200 °C
Heißluft	etwa 180 °C (vorgeheizt)
Gas	Stufe 3–4 (vorgeheizt)
Backzeit	etwa 10 Minuten.

	Für die Füllung
1 Pck. Pudding-Pulver Vanille-Geschmack	mit
500 ml (½ l) Milch	
2 EL Zucker	nach Packungsanleitung zubereiten
4 Blatt weiße Gelatine	nach Packungsanleitung einweichen, ausdrücken, in den heißen Pudding rühren
200 g Erdbeeren	waschen, putzen, je nach Größe vierteln oder halbieren
	wenn der Pudding zu gelieren beginnt
200 ml Schlagsahne	steif schlagen, mit den Erdbeeren unterheben
	den Knetteigboden mit
2 EL Erdbeerkonfitüre	bestreichen, einen Biskuitboden darauf setzen, einen Tortenring darumlegen
	⅓ der Füllung auf den Boden streichen, den zweiten Boden darauflegen, mit dem zweiten Drittel der Füllung bestreichen, den Tortenring lösen, den Tortenrand mit der restlichen Füllung bestreichen, die Torte mindestens 3 Stunden kalt stellen
500 g Erdbeeren	waschen, abtropfen lassen, entstielen, halbieren, die Torte mit Erdbeeren belegen
1 Pck. Tortenguß, klar	mit
2 EL Zucker	
250 ml (¼ l) Wasser	nach Packungsanleitung zubereiten, auf den Erdbeeren verteilen, die Torte bis zum Servieren kalt stellen.
Tip	Nach Belieben die Torte zusätzlich mit geschlagener Sahne verzieren.

Feigentorte

	Für den Brandteig
125 ml (⅛ l) Wasser	
25 g Butter	am besten in einem Stieltopf zum Kochen bringen
75 g Weizenmehl	mit
15 g Speisestärke	mischen, sieben, auf einmal in die von der Kochstelle genommene Flüssigkeit schütten, zu einem glatten Kloß rühren, unter Rühren etwa 1 Minute erhitzen, den heißen Kloß sofort in eine Schüssel geben, nach und nach
3 Eier	mit Handrührgerät mit Knethaken auf höchster Stufe unterarbeiten

1 Msp. Backpulver	
½ Pck. Natürliches	
Bourbon-Vanille-Aroma	in den erkalteten Teig arbeiten
	Teig in fünf Portionen teilen und jeweils auf einem gefettetem, gemehltem Backblech zu einem Boden (Ø 20 cm) gleichmäßig ausstreichen, jeden Boden mit 10 g von
50 g abgezogene, gehobelte Mandeln	
50 g Hagelzucker	bestreuen, in den Backofen schieben
Ober-/Unterhitze	etwa 200–220 °C (vorgeheizt)
Heißluft	etwa 180–200 °C (vorgeheizt)
Gas	Stufe 4–5 (vorgeheizt)
Backzeit	etwa 20 Minuten
	Böden nach dem Backen sofort vom Blech lösen, auf einem Kuchenrost erkalten lassen, drei der kalten Böden auf der Unterseite mit
50 g aufgelöster, weißer Schokolade	bestreichen, fest werden lassen.
	Für die Füllung
150 g weiße Schokolade	kleinhacken
500 ml (½ l) Schlagsahne	aufkochen, Schokolade darin unter Rühren auflösen, direkt mit Klarsichtfolie belegen, über Nacht kalt stellen
350 g frische Feigen	waschen, vierteln oder achteln, das Fruchtfleisch von der Schale lösen
	Schoko-Sahne mit Handrührgerät mit Rührbesen kurz aufschlagen
2 Pck. Sahnesteif	
1 EL Zucker	mischen, zufügen, Schoko-Sahne steif schlagen und
½ Pck. Natürliches	
Bourbon-Vanille-Aroma	unterrühren
	Sahnecreme und Feigen auf vier Böden verteilen, mit fünftem Boden bedecken.

Festtagstorte

(Foto Seite 99)

Für den Teig

2 Eier
50 g Zucker zu einer schaumigen Masse schlagen
etwas abgeriebene Zitronenschale (unbehandelt) vorsichtig unterheben
75 g geröstete, gemahlene Haselnußkerne
1 Msp. Backpulver mischen, vorsichtig unterheben
eine Springform (Ø 16 cm) am Boden fetten, mit Backpapier belegen, den Teig hineinfüllen,
die Form auf dem Rost in den Backofen schieben
Ober-/Unterhitze 170–200 °C (vorgeheizt)
Heißluft –
Gas Stufe 3–4 (vorgeheizt)
Backzeit etwa 30 Minuten
den Kuchen aus der Form lösen, auf einen Kuchenrost stürzen, erkalten lassen.

Für den Belag

125 ml (1/8 l) Schlagsahne
1/2 Päckchen Vanillin-Zucker steif schlagen, mit einem Löffel unregelmäßig auf den Kuchen häufen
den Kuchen mit
Schokoladenbuchstaben garnieren.

Tip Je nach Eigröße kann die Teigmenge für die Backform zu viel sein, dann den Teigrest in eine kleine, gut gefettete und mit Semmelbröseln ausgestreute Obstbodenform füllen, auf dem Rost in den Backofen schieben (Temperatur wie oben, Backzeit jedoch etwa 20 Minuten)
den Kuchen auf einen Kuchenrost stürzen, erkalten lassen,
nach Lust und Laune mit Früchten belegen oder mit Himbeersahne (2 Eßlöffel Himbeerkonfitüre mit 2 Eßlöffeln geschlagener Sahne vermengt) füllen.

Fruchtige Bananentorte

(Foto Seite 97)

	Für den Biskuitteig
3 Eier	mit Handrührgerät mit Rührbesen auf höchster Stufe in 1 Minute schaumig schlagen
75 g Zucker	mit
1 Prise Salz	mischen, innerhalb 1 Minute einstreuen, dann noch etwa 2 Minuten schlagen
75 g Weizenmehl	mit
1 Msp. Backpulver	
1 gestr. TL gemahlenen Zimt	mischen, auf die Eiercreme sieben, kurz auf niedrigster Stufe unterrühren, den Teig in eine Springform (Ø 20 cm, Boden gefettet, mit Backpapier belegt) füllen, sofort backen
Ober-/Unterhitze	etwa 180 °C (vorgeheizt)
Heißluft	–
Gas	etwa Stufe 3 (nicht vorgeheizt)
Backzeit	30–40 Minuten den Boden aus der Form lösen, auf einen Kuchenrost stürzen, erkalten lassen, zweimal waagerecht durchschneiden.
	Für die Creme
10 Blatt Gelatine	nach Packungsanleitung einweichen
5 Bananen	schälen, in Stücke schneiden, mit
50 g Zucker	
Saft von 1 Zitrone	
300 g Schmand (Sauerrahm)	pürieren Gelatine ausdrücken, auflösen, unter die Bananencreme rühren, kalt stellen, sobald die Creme anfängt dicklich zu werden, die Biskuitböden mit
Bananenlikör	
Zitronensaft	tränken ⅓ der Creme auf den unteren Tortenboden streichen, den zweiten Boden darauf setzen und die gesamte Torte mit der restlichen Creme bestreichen, die Torte kalt stellen und die Creme fest werden lassen.

Für den Belag

50 g Kokosraspel in einer Pfanne ohne Fett bräunen, erkalten lassen, am Tortenrand verteilen

1 Pck. Tortenguß mit
3 EL Bananenlikör
250 ml (¼ l) Wasser
2 EL Zucker aufkochen, abkühlen lassen
1 kleine Banane schälen, in Scheiben schneiden
1 kleine Papaya schälen, halbieren, die Kerne entfernen, in dünne Spalten schneiden, mit der Banane mit dem
Saft von 1 Zitrone beträufeln, auf der Torte anrichten, den Guß mit Hilfe eines Pinsels darüber verteilen, mit
Melisseblättchen garnieren.

Gedeckte Apfeltorte

(Foto Seite 119)

Für den Knetteig

200 g Weizenmehl in eine Rührschüssel sieben
75 g Zucker
1 Pck. Vanillin-Zucker
1 Prise Salz
1 Ei
75 g Butter hinzufügen

die Zutaten mit Handrührgerät mit Knethaken zunächst kurz auf niedrigster, dann auf höchster Stufe gut durcharbeiten, anschließend auf der Arbeitsfläche zu einem glatten Teig verkneten, den Teig in Folie gepackt 2 Stunden im Kühlschrank ruhen lassen.

Für die Füllung

300 g aromatisch-säuerliche Äpfel, z. B. Boskop schälen, vierteln, entkernen, in dünne Scheiben schneiden, sofort mit dem
Saft von 1 Zitrone mischen
½ TL Zimt
2 EL Zucker
75 g Sultaninen
40 g abgezogene, gehackte Mandeln hinzufügen

⅔ des Teigs auf einer bemehlten Arbeitsfläche ausrollen, eine Springform (Ø 26 cm) damit auslegen,

	Teig am Rand etwas hochdrücken
	den Teigboden mehrmals mit einer Gabel einstechen, mit
2 EL Semmelbrösel	bestreuen, die Apfelmischung einfüllen
	den restlichen Teig ausrollen und darauf legen, die Ränder zusammendrücken
	die Oberfläche mehrmals einstechen, mit
1 verquirlten Eigelb	bestreichen
Ober-/Unterhitze	etwa 200 °C (vorgeheizt)
Heißluft	etwa 180 °C (nicht vorgeheizt)
Gas	Stufe 3–4 (nicht vorgeheizt)
Backzeit	45–50 Minuten
	die Torte in der Form abkühlen lassen, dann auf einen Kuchenrost legen
2 TL Aprikosenkonfitüre	erhitzen, die Torte damit bestreichen und trocknen lassen
60 g Puderzucker	mit
2 EL Zitronensaft	
oder Calvados	verrühren, die Torte damit glasieren.

Glasierter Kirsch-Grießkuchen

	Für den Knetteig
150 g Weizenmehl	mit
½ gestr. TL Backpulver	mischen, in eine Rührschüssel sieben
50 g Zucker	
1 Pck. Vanillin-Zucker	
1 Prise Salz	
1 Ei	
100 g Butter	hinzufügen
	die Zutaten mit Handrührgerät mit Knethaken zunächst kurz auf niedrigster, dann auf höchster Stufe gut durcharbeiten, anschließend auf der Arbeitsfläche zu einem glatten Teig verkneten, zugedeckt etwa 30 Minuten kalt stellen
	die Hälfte des Teiges auf gefettetem Springformboden (Ø 20 cm) ausrollen, Springformrand um den Boden stellen, übrigen Teig zu einer Rolle formen, als Rand auf den Boden legen und so an die Form drükken, daß ein ca. 4,5 cm hoher Rand entsteht
	Boden mit

ca. 1 EL abgezogenen, gemahlenen Mandeln	bestreuen.
	Für die Grießmasse
1 Pck. Dessertsoße Vanille-Geschmack zum Kochen	mit 2 Eßlöffeln von
75 g Zucker	mischen und mit 3 Eßlöffeln von
375 ml (3/8 l) kalter Milch	anrühren die übrige Milch mit
50 g Butter	und restlichem Zucker und
1 Pck. Vanillin-Zucker	
1 Pck. Orangenfrucht	aufkochen lassen, Topf von der Kochstelle nehmen erst angerührtes Soßenpulver, dann
75 g Weichweizengrieß	unterrühren, Masse nochmals 1 Minute unter Rühren kochen lassen
2 Eigelb	und
2 EL Mandellikör	unterrühren
2 Eiweiß	steif schlagen, unterheben, Grießmasse in der Form glattstreichen.
	Für den Belag
150 g vorbereitete, entsteinte Sauerkirschen	auf der Grießmasse verteilen, die Form auf dem Rost in den Backofen schieben
Ober-/Unterhitze	etwa 180 °C (vorgeheizt, unterste Einschubleiste)
Heißluft	etwa 160 °C (nicht vorgeheizt)
Gas	Stufe 3–4 (nicht vorgeheizt)
Backzeit	etwa 55 Minuten Grießkuchen in der Form auf einem Kuchenrost auskühlen lassen.
	Für die Glasur
50 g Aprikosenkonfitüre	durch ein Sieb streichen, mit
1 EL Wasser	verrühren und ca. 2 Minuten unter Rühren kochen lassen, Glasur mit einem Pinsel über die Kirschen geben, erkalten lassen.

Grillkuchen

	Für den Rührteig
160 g Butter oder Margarine	mit Handrührgerät mit Rührbesen auf höchster Stufe geschmeidig rühren, nach und nach
160 g Zucker **1 Pck. Vanillin-Zucker**	hinzufügen, so lange rühren, bis eine gebundene Masse entstanden ist
3 EL Rum	zufügen
4 Eier	jeweils etwa ½ Minute unterrühren
150 g Weizenmehl	mit
50 g Speisestärke **2 gestr. TL Backpulver**	mischen, sieben, portionsweise auf mittlerer Stufe unterrühren jeweils etwa 1 Eßlöffel Teig dünn in einer Springform (Ø 20 cm, Boden gefettet, mit Backpapier belegt) glattstreichen, am besten mit einem Pinsel die Form auf dem Rost in den Backofen schieben (der Abstand zwischen Grill und Teigschicht sollte etwa 20 cm betragen) Teigschicht hellbraun grillen
Grillzeit	etwa 2 Minuten wieder 1 Eßlöffel Teig auf die gebackene Schicht streichen, diese wie beschrieben backen und so den restlichen Teig ebenfalls backen den Grillkuchen aus der Form lösen, auf einen Kuchenrost stürzen, erkalten lassen.
	Für den Guß
50 g Halbbitter-Kuvertüre	in einem kleinen Topf im Wasserbad bei schwacher Hitze zu einer geschmeidigen Masse verrühren, den Kuchen damit vollständig überziehen und fest werden lassen.
Tip	Der Grillkuchen hält sich fest in Alufolie verpackt sowie kühl und trocken gelagert etwa 4 Wochen.

Mandarinen-Sahnetorte

	Für den Biskuitteig
1 Ei (Größe M)	mit Handrührgerät mit Rührbesen auf höchster Stufe 1 Minute schaumig schlagen
50 g Zucker	mit
1 Pck. Vanillin-Zucker	mischen, innerhalb 1 Minute einstreuen, dann noch etwa 2 Minuten schlagen
50 g Weizenmehl	mit
15 g Speisestärke	
1 gestr. TL Backpulver	mischen, auf die Eicreme sieben, kurz auf niedrigster Stufe unterrühren
evtl. 15 g zerlassene, abgekühlte Butter	unterrühren den Teig in eine Springform (Ø 20 cm, Boden gefettet, mit Backpapier belegt) füllen, sofort backen
Ober-/Unterhitze	etwa 180 °C (vorgeheizt)
Heißluft	–
Gas	Stufe 3–4 (vorgeheizt)
Backzeit	etwa 20 Minuten Boden aus der Form lösen, auf einen mit Backpapier belegten Kuchenrost stürzen, mitgebackenes Papier abziehen, Boden erkalten lassen, zweimal waagerecht durchschneiden.
	Für die Füllung
1 kleine Dose Mandarinen (Abtropfgewicht 175 g)	abtropfen lassen, den Saft dabei auffangen
1 Pck. Vanillin-Zucker	
1 gut geh. EL Zucker	
1 Pck. Sahnesteif	mischen und
250 ml (¼ l) Schlagsahne	damit steif schlagen
3 EL Mandarinensaft	unter die steifgeschlagene Sahne heben den unteren Boden mit der Hälfte der Mandarinen belegen, mit ⅓ der Sahne bestreichen, den mittleren Boden auflegen, mit restlichen Mandarinen (8 Stück zum Garnieren zurücklassen) belegen, die Hälfte der übrigen Sahne darauf streichen, den oberen Boden auflegen, Tortenrand und -oberfläche mit restlicher Sahne bestreichen, mit übrigen Mandarinen und
gehackten Pistazien	nach Wunsch garnieren.

Kleine Himmelstorte

(Foto Seite 98)

	Für den Rührteig
50 g Butter oder Margarine	geschmeidig rühren, nach und nach
50 g Zucker	
1 Pck. Vanillin-Zucker	
2 Eigelb	unterrühren
60 g Weizenmehl	mit
1 Msp. Backpulver	mischen, sieben, unterrühren
	Für den Belag
1 Eiweiß	steif schlagen
50 g feinen Zucker	nach und nach zugeben aus dem Teig drei Böden backen dazu ⅓ des Teiges auf den gefetteten Boden einer Springform (Ø 16 cm) streichen ein Drittel des Eischnees darauf verteilen, mit einem Drittel von
50 g abgezogenen, gehobelten Mandeln	bestreuen den zweiten und dritten Boden ebenso zubereiten, Boden auf dem Rost in den Backofen schieben
Ober-/Unterhitze	180–200 °C (vorgeheizt)
Heißluft	160–180 °C (vorgeheizt)
Gas	Stufe 3–4 (vorgeheizt)
Backzeit	15–20 Minuten für jeden Boden jeden Boden sofort nach dem Backen vom Springformboden lösen, auf einem Kuchenrost erkalten lassen.
	Für die Füllung
100 g TK-Himbeeren	mit
1 EL gesiebtem Puderzucker	vermischen, auftauen lassen
200 ml Schlagsahne	mit
1 Pck. Sahnesteif	steif schlagen, die Himbeeren unterheben den unteren Boden mit der Himbeersahne bestreichen, den zweiten Boden auflegen, mit Himbeersahne bestreichen, den oberen Boden in die gewünschte Zahl Tortenstücke schneiden, auflegen, die Torte kalt stellen.

Malakoff-Torte

80 g Butter	mit Handrührgerät mit Rührbesen auf höchster Stufe geschmeidig rühren, nach und nach
60 g feinkörnigen Zucker	
1 Pck. Vanillin-Zucker	unterrühren, so lange rühren, bis eine gebundene Masse entstanden ist
2 Eigelb (Größe L)	nach und nach unterrühren
80 g abgezogene, gemahlene Mandeln	
4 EL Schlagsahne	auf mittlerer Stufe unterrühren
125 ml (1/8 l) Milch	mit
1/2 Pck. Vanillin-Zucker	
1–2 EL Rum	verrühren
125 g Löffelbiskuits	kurz darin wenden
	einen Springformrand (Ø 16 cm) auf eine Tortenplatte setzen
	den Boden mit der Hälfte der Löffelbiskuits auslegen, die Hälfte der Creme darüberstreichen, die restlichen Löffelbiskuits und die restliche Creme darauf geben, glattstreichen, kühl stellen (evtl. über Nacht), den Springformrand lösen
125 ml (1/8 l) Schlagsahne	1/2 Minute schlagen
1 TL Zucker	
2 TL Sahnesteif	mischen, einstreuen, die Sahne steif schlagen
	etwas von der Sahne in einen Spritzbeutel mit gezackter Tülle füllen, mit der restlichen Sahne Rand und obere Seite der Torte bestreichen
	die Torte mit der Sahne aus dem Spritzbeutel verzieren, mit
roten Belegkirschen	garnieren.

Christkinds Möhrchentorte, Rezept Seite 104

Erdbeer-Vanillesahne-Torte, Rezept Seite 105

Gedeckte Apfeltorte, Rezept Seite 110

Irische Stachelbeer-Baiser-Torte, Rezept Seite 121 *Schokoladen-Bärchen, Rezept Seite 184*

Irische Stachelbeer-Baiser-Torte

(Foto Seite 120)

	Für den Rührteig
75 g weiche Butter	mit Handrührgerät mit Rührbesen auf höchster Stufe geschmeidig rühren, nach und nach
40 g Zucker	
1 Pck. Vanillin-Zucker	
2 cl Whisky	
1 Prise Salz	unterrühren, so lange rühren, bis eine gebundene Masse entstanden ist
3 Eigelb	nach und nach unterrühren (jedes Eigelb ungefähr ½ Minute)
120 g Weizenmehl	mit
1 gestr. TL Backpulver	mischen, sieben und auf mittlerer Stufe unterrühren die Hälfte des Teiges als Kreis (Ø 22 cm) auf ein mit Backpapier belegtes Backblech streichen.
	Für die Baisermasse
3 Eiweiß	mit
1 Prise Salz	steif schlagen, dabei nach und nach
200 g Zucker	einrieseln lassen die Hälfte der Baisermasse auf dem Teigkreis verteilen und die Hälfte von
75 g abgezogenen, gehobelten Mandeln	gleichmäßig darüberstreuen den Boden auf der zweiten Einschubleiste in den Backofen schieben
Ober-/Unterhitze	etwa 180 °C (vorgeheizt)
Heißluft	etwa 160 °C (vorgeheizt)
Gas	etwa Stufe 3 (vorgeheizt)
Backzeit	etwa 30 Minuten die andere Hälfte von Rührteig und Baisermasse ebenso verarbeiten, die Böden ganz auskühlen lassen.
	Für die Füllung
1 Glas Stachelbeeren (Abtropfgewicht 400 g)	auf einem Sieb abtropfen lassen, dabei den Saft auffangen, die abgetropften Stachelbeeren auf einem Boden verteilen
1 Pck. Tortenguß, weiß	mit
2 EL Zucker	und dem abgetropften Stachelbeersaft (evtl. mit Was-

	ser auffüllen) nach Packungsanleitung zubereiten, gleichmäßig über den Stachelbeeren verteilen
300 ml Schlagsahne	mit
1 Pck. Sahnesteif	steif schlagen, auf die Stachelbeeren geben den zweiten Boden darauf setzen und bis zum Servieren kalt stellen.

Joghurttorte mit Früchten

(Foto Seite 137)

	Für den Rührteig
80 g weiche Butter oder Margarine	mit Handrührgerät mit Rührbesen auf höchster Stufe geschmeidig rühren, nach und nach
80 g Zucker	
1 Pck. Vanillin-Zucker	
1 Prise Salz	unterrühren, so lange rühren, bis eine gebundene Masse entstanden ist
2 Eier	nach und nach unterrühren (jedes Ei etwa ½ Minute)
120 g Weizenmehl	mit
1 TL Backpulver	
2 EL Kakaopulver	mischen, sieben, portionsweise abwechselnd mit
40 ml Milch	auf mittlerer Stufe unterrühren
40 g abgezogene, gemahlene Mandeln	unterrühren
	den Teig in eine Springform (Ø 20 cm, Boden gefettet, mit Backpapier belegt) füllen, glattstreichen
Ober-/Unterhitze	180–200 °C (vorgeheizt)
Heißluft	160–180 °C (vorgeheizt)
Gas	Stufe 3–4 (vorgeheizt)
Backzeit	20–25 Minuten
	den Boden in der Form auskühlen lassen.
	Für die Joghurtcreme
6 Blatt weiße Gelatine	nach Packungsanleitung einweichen
Saft und Schale von 1 Zitrone (unbehandelt)	
150 g Zucker	
3 Becher (450 g) Joghurt	miteinander verrühren, Gelatine ausdrücken, auflösen, nach und nach unter die Joghurtcreme rühren, die Creme kalt stellen

	sobald die Masse anfängt dicklich zu werden
200 ml Schlagsahne	steif schlagen, vorsichtig unterheben
	den Tortenboden aus der Form lösen, auf eine Tortenplatte legen, den gesäuberten Springformrand wieder darumlegen, die Joghurtcreme auf den Boden geben, glattstreichen, die Torte zugedeckt mindestens 3 Stunden kalt stellen
	die Torte mit einem Messer vom Springformrand lösen
200 g Erdbeeren	waschen, abtropfen lassen, entstielen, in Scheiben schneiden
2 Kiwis	schälen, in Scheiben schneiden
	die Kiwischeiben überlappend als äußeren Rand auf die Torte legen, die Erdbeeren und
1 Zitronenscheibe	in der Mitte arrangieren, so daß eine Blüte entsteht.

Johannisbeertorte

	Für den Rührteig
125 g Margarine	mit Handrührgerät mit Rührbesen auf höchster Stufe geschmeidig rühren, nach und nach
125 g Zucker	
1 Pck. Vanillin-Zucker	
5 Tropfen Butter-Vanille-Aroma	
1 Prise Salz	unterrühren, so lange rühren, bis eine gebundene Masse entstanden ist
3 Eier (Größe M)	nach und nach unterrühren (jedes Ei etwa ½ Minute)
125 g Weizenmehl	mit
2 gestr. TL Backpulver	mischen, sieben, portionsweise auf mittlerer Stufe unterrühren
	den Teig in eine Springform (Ø 22 cm, Boden gefettet, mit Backpapier belegt) füllen, glattstreichen, mit
50 g gehackten, nicht abgezogenen Mandeln	bestreuen, die Form auf dem Rost in den Backofen schieben
Ober-/Unterhitze	etwa 180 °C (vorgeheizt)
Heißluft	etwa 160 °C (vorgeheizt)
Gas	Stufe 3–4 (nicht vorgeheizt)
Backzeit	25–30 Minuten
	Boden aus der Form lösen, auf einen mit Backpapier belegten Kuchenrost stürzen, erkalten lassen, zweimal waagerecht durchschneiden.

Für die Dickmilchfüllung

3 gestr. TL
gemahlene Gelatine, weiß mit
3 EL kaltem Wasser in einem kleinen Topf anrühren, 10 Minuten zum Quellen stehenlassen
125 g Dickmilch mit
25 g Zucker verrühren
Gelatine unter Rühren erwärmen, bis sie gelöst ist, unter die Dickmilchmasse rühren
250 ml (1/4 l) Schlagsahne steif schlagen und unterheben, gut 2/3 der Dickmilchcreme auf den unteren Boden streichen, mit mittlerem Boden bedecken.

Für die Johannisbeerfüllung

200 g vorbereitete
Johannisbeeren mit
50 g Puderzucker bestäuben
1 Pck. Tortenguß, rot nach Packungsaufschrift mit
25 g Zucker
200 ml Johannisbeersaft
3 EL Johannisbeerlikör zubereiten, die Johannisbeeren unterrühren
Johannisbeerfüllung abkühlen lassen, dann auf den mittleren Boden streichen (1/2 cm am Rand freilassen), 12 Stücke andeuten
restliche Dickmilchcreme mit Hilfe eines Teelöffels auf jedes Stück geben, den oberen Boden in 12 Stücke schneiden, fächerartig auf die Torte legen, Torte gut gekühlt servieren.

Karamelisierte Möhren-Sahne-Torte

(Foto Seite 138)

Für die Streusel
200 g Weizenmehl in eine Rührschüssel sieben, mit
1 TL gemahlenem Zimt
150 g Zucker mischen
150 g zerlassene,
abgekühlte Butter hinzufügen, alle Zutaten mit Handrührgerät mit Knethaken zu Streuseln von gewünschter Größe verarbeiten

	die Streusel in eine Springform (Ø 22 cm, Boden gefettet) geben, leicht andrücken
Ober-/Unterhitze	etwa 200 °C (vorgeheizt)
Heißluft	etwa 180 °C (vorgeheizt)
Gas	Stufe 3–4 (vorgeheizt)
Backzeit	etwa 15 Minuten
	den Boden in der Form erkalten lassen.
	Für den Belag
150 g Zucker	mit
1 TL Zitronensaft	in einem Topf vermischen, langsam erhitzen, bis der Zucker zu karamelisieren beginnt, dann sofort
50 ml Orangensaft	zugeben,
250 g Möhren	putzen, waschen, schälen, fein raspeln, mit
1 Prise Salz	
½ TL gemahlenem Zimt	
je 1 Msp. gemahlenen	
Gewürznelken	
Ingwerpulver	
Pimentpulver	zu dem karamelisierten Zucker in den Topf geben, wieder erhitzen, innerhalb von 20–30 Minuten weich kochen, Sirup in eine Schüssel abgießen, mit
60 ml Weißwein,	
z. B. Gewürztraminer	
2 Eigelb	verrühren, bei schwacher Hitze schlagen, bis kurz vor dem Kochpunkt die Masse cremig wird, im kalten Wasserbad weiterschlagen, inzwischen
3 Blatt weiße Gelatine	nach Packungsanleitung einweichen, ausdrücken, in der noch sehr warmen Creme auslösen, Creme kalt stellen, sobald die Creme anfängt, dicklich zu werden
200 ml Schlagsahne	
2 Eiweiß	getrennt steif schlagen, zuerst die Sahne, dann den Eischnee unterheben, die Masse auf den Boden in die Form füllen, glattstreichen, die Torte etwa 6 Stunden kalt stellen,
	die Torte aus der Form lösen und auf eine Tortenplatte legen
125 ml (¼ ml) Schlagsahne	steif schlagen, in einen Spritzbeutel mit Sterntülle füllen, auf die Tortenoberfläche spritzen, mit
Marzipanmöhren	garnieren.

Lüneburger Buchweizentorte

	Für den Teig
3 Eier (Größe L)	
2 EL heißes Wasser	mit Handrührgerät mit Rührbesen auf höchster Stufe in 1 Minute schaumig schlagen
75 g Zucker	mit
1 Pck. Bourbon-Vanille-Zucker	mischen, innerhalb 1 Minute einstreuen, dann noch etwa 2 Minuten schlagen
2 Tropfen Bittermandel-Aroma	unterrühren
75 g Buchweizenmehl	mit
½ TL Backpulver	mischen, auf die Eiercreme geben, kurz auf niedrigster Stufe unterrühren
50 g sehr fein gemahlene Haselnußkerne	auf die gleiche Weise unterarbeiten den Teig in eine Springform (Ø 18 cm, Boden gefettet, mit Backpapier belegt) füllen, sofort backen
Ober-/Unterhitze	170–200 °C (vorgeheizt)
Heißluft	–
Gas	Stufe 3–4 (nicht vorgeheizt)
Backzeit	etwa 25 Minuten den Biskuitboden aus der Form lösen, stürzen, erkalten lassen.
	Für die Füllung
1 Glas Wild-Preiselbeer-Dessert (Abtropfgewicht 175 g)	abtropfen lassen, von dem Saft knapp 200 ml abmessen, mit
1 Pck. Tortenguß, rot	
20 g Zucker	nach Anleitung auf dem Päckchen einen Guß zubereiten, die Preiselbeeren unterrühren, nochmals kurz aufkochen, erkalten lassen
1½ gestr. TL gemahlene Gelatine, weiß	mit
2 EL kaltem Wasser	in einem kleinen Topf anrühren, 10 Minuten zum Quellen stehen lassen, unter Rühren erwärmen, bis sie gelöst ist
300 ml Schlagsahne	und
1 Pck. Vanillin-Zucker	fast steif schlagen, die lauwarme Gelatinelösung un-

ter Schlagen hinzufügen, die Sahne vollkommen steif schlagen.
Den Biskuitboden zweimal durchschneiden, den unteren Boden mit ⅓ der Preiselbeermasse bestreichen, etwa 1 Eßlöffel der Sahne darauf streichen, mit dem mittleren Boden bedecken, ebenso mit Preiselbeermasse und Sahne bestreichen, mit dem oberen Boden bedecken
den Rand und die obere Seite mit Sahne bestreichen, den Tortenrand mit Hilfe eines Tortengarnierkamms verzieren, die restliche Sahne in einen Spritzbeutel mit gezackter Tülle füllen, die Torte damit verzieren, mit der restlichen Preiselbeermasse,

gemahlenen Pistazienkernen garnieren.

Tip Die Torte schmeckt am besten, wenn sie am Vortag zubereitet und im Kühlschrank aufbewahrt wird.

Abwandlung Statt der Preiselbeerfüllung
175 g Pflaumenmus verwenden.

Mandelkuchen

Für den Teig

100 g Marzipan-Rohmasse zerkleinern, mit
1 Eiweiß
40 g Zucker
1 Pck. Vanillin-Zucker
1 Prise Salz
25 g Weizenmehl
1 EL Amaretto in einer Rührschüssel mit Handrührgerät mit Rührbesen zu einer cremigen Masse verrühren
die Masse in eine Springform (Ø 18 cm, Boden gefettet) füllen, glattstreichen, mit

30 g abgezogen, gehobelten Mandeln bestreuen, auf dem Rost in den Backofen schieben
Ober-/Unterhitze etwa 180 °C (vorgeheizt)
Heißluft etwa 160 °C (nicht vorgeheizt)
Gas etwa Stufe 3 (vorgeheizt)
Backzeit etwa 15 Minuten.

Für den Guß

50 g Zartbitter-Kuvertüre in einem kleinen Topf im Wasserbad zu einer geschmeidigen Masse verrühren, über den erkalteten Kuchen sprenkeln.

Mini-Birnenkuchen

(Foto Seite 139)

	Für den Rührteig
50 g Butter oder Margarine	geschmeidig rühren, nach und nach
50 g Zucker	
½ Pck. Vanillin-Zucker	
1 Msp. gemahlenen Zimt	
1 Msp. gemahlene Muskatnuß	
3 Tropfen Rum-Aroma	unterrühren
1 Ei	½ Minute unterrühren
100 g Weizenmehl	mit
1 TL Kakaopulver	
1 gestr. TL Backpulver	mischen, sieben, nach und nach abwechselnd mit
1–2 EL Milch	unterrühren (Teig muß schwerreißend vom Löffel fallen)
30 g gehackte Vollmilch-Schokolade	
1 EL Haferflocken	⅔ des Teiges in eine Springform (Ø 16 cm, Boden gefettet) füllen und glattstreichen.
	Für den Belag
2 kleine reife Birnen (etwa 300 g)	schälen, vierteln, Kerngehäuse entfernen, auf den Teig verteilen, leicht hineindrücken, restlichen Teig darüber streichen, auf dem Rost in den Backofen schieben
Ober-/Unterhitze	180–200 °C (vorgeheizt)
Heißluft	160–180 °C (vorgeheizt)
Gas	Stufe 3–4 (vorgeheizt)
Backzeit	etwa 30 Minuten
	das Gebäck aus der Form lösen, auf einem Kuchenrost erkalten lassen
	aus einem mehrfach geknickten Papierbogen einen Stern schneiden, als Schablone auf den Kuchen legen, mit
1 TL Puderzucker	bestäuben, Schablone entfernen.
Tip	Nach Belieben aus mit Speisefarbe eingefärbtem Marzipan Buchstaben ausstechen, den Kuchen damit garnieren.

Mini-Kirsch-Quarkkuchen

(Foto Seite 140)

	Für den Knetteig
100 g Weizenmehl	mit
1 Msp. Backpulver	mischen, in eine Rührschüssel sieben
30 g Zucker	
1 Pck. Vanillin-Zucker	
1 EL Wasser	
50 g Butter oder Margarine	hinzufügen, mit Handrührgerät mit Knethaken zunächst kurz auf niedrigster Stufe, dann auf höchster Stufe gut durcharbeiten, anschließend auf der Arbeitsfläche zu einem glatten Teig verkneten den Boden einer Springform (Ø 16 cm) fetten, mit
10 g abgezogenen, gehobelten Mandeln	bestreuen, 1/3 des Teiges in der Größe des Springformbodens ausrollen, auf den vorbereiteten Boden legen, den Springformrand darumlegen, schließen, den Teigboden mehrmals mit einer Gabel einstechen, auf dem Rost in den Backofen schieben, goldgelb vorbacken
Ober-/Unterhitze	170–200 °C (vorgeheizt)
Heißluft	etwa 150 °C (nicht vorgeheizt)
Gas	Stufe 3–4 (vorgeheizt)
Backzeit	20–30 Minuten den Boden in der Form erkalten lassen, die Hälfte des restlichen Teiges zu einer Rolle formen, als Rand auf den Boden legen, so an die Form drücken, daß ein 2 cm hoher Rand entsteht
	Für die Füllung
150 g Sauerkirschen (aus dem Glas)	auf einem Sieb gut abtropfen lassen
125 g Magerquark	mit
1 Eigelb	
1 Pck. Vanillin-Zucker	
3 Tropfen Zitronen-Aroma	verrühren, in die Form geben, glattstreichen, mit den Sauerkirschen belegen, den restlichen Teig zu einer Platte in Größe der Springform ausrollen, in Streifen schneiden, auf die Sauerkirschen legen, mit
Kondensmilch	bestreichen und mit
10 g abgezogenen, gehobelten Mandeln	bestreuen
Herdeinstellung	siehe oben

Backzeit	45–55 Minuten
	das Gebäck aus der Form lösen, erkalten lassen, nach Belieben mit
Puderzucker	bestäuben.

Obstkuchen mit Himbeer-Guß

	Für den Rührteig
60 g Butter oder Margarine	geschmeidig rühren, nach und nach
50 g Zucker	
1 Pck. Vanillin-Zucker	
3–4 Tropfen Zitronen-Aroma	
1 Prise Salz	unterrühren
1 Ei	etwa ½ Minute unterrühren
60 g Weizenmehl	mit
10 g Speisestärke	
½ gestr. TL Backpulver	mischen, sieben, unterrühren, zuletzt
20 g abgezogene, gehackte Mandeln	unterheben
	Teig in eine Springform (Ø 16 cm, Boden gefettet) geben, glattstreichen
100 g vorbereitetes Obst (z. B. Sauerkirschen aus dem Glas, feingeschnittene Apfelspalten)	darauf verteilen, etwas eindrücken
Ober-/Unterhitze	170–200 °C (vorgeheizt)
Heißluft	150–180 °C (nicht vorgeheizt)
Gas	Stufe 3–4 (nicht vorgeheizt)
Backzeit	etwa 35 Minuten
	Gebäck 10 Minuten in der Form auf einem Kuchenrost abkühlen lassen, den Springformrand mit einem Messer lösen, abnehmen, das Gebäck erkalten lassen.
	Für den Guß
75 g gesiebten Puderzucker	mit
etwas Himbeersaft (aus TK-Himbeeren)	
oder Himbeersirup	zu einem dickflüssigen Guß verrühren, nach Belieben das Gebäck damit besprenkeln oder bestreichen, mit Süßigkeiten garnieren.

Ostertorte

	Für den Biskuitteig
2 Eier	
2 Eigelb	
2 EL heißes Wasser	mit Handrührgerät mit Rührbesen auf höchster Stufe in 1 Minute schaumig schlagen
100 g Zucker	
1 Pck. Vanillin-Zucker	mischen, innerhalb 1 Minute einstreuen, dann noch 2 Minuten schlagen
100 g Weizenmehl	mit
1 gestr. TL Backpulver	mischen, die Hälfte davon auf die Eiercreme sieben, den Rest des Mehlgemischs auf die gleiche Weise unterarbeiten zuletzt
50 g abgezogene, gemahlene Mandeln	
25 g zerlassene, abgekühlte Butter	unterheben den Teig in eine Springform (Ø 22 cm, Boden gefettet, mit Backpapier belegt) füllen, die Form auf dem Rost in den Backofen schieben
Ober-/Unterhitze	180–200 °C (vorgeheizt)
Heißluft	–
Gas	Stufe 3–4 (vorgeheizt)
Backzeit	20–25 Minuten den Boden aus der Form lösen, stürzen, erkalten lassen und zweimal waagerecht durchschneiden.
	Für die Baisermasse
2 Eiweiß	mit
1 Prise Salz	steif schlagen
50 g Zucker	nach und nach unterrühren
100 g gesiebten Puderzucker	unterheben die Masse in einen Spritzbeutel mit Lochtülle (Ø 0,5 cm) füllen, auf ein entsprechend großes Stück Backpapier zwei Platten (Ø 14 cm) spritzen, außerdem Stäbchen 5,5 cm und 4 cm lang spritzen, für die Hasen Köpfe und Rümpfe in unterschiedlichen Größen spritzen, das Backpapier vorsichtig auf den Backrost ziehen, in den Backofen schieben

Ober-/Unterhitze	110–130 °C (vorgeheizt)
Heißluft	etwa 100 °C (nicht vorgeheizt)
Gas	25 Minuten Stufe 1, 25 Minuten aus, 25 Minuten Stufe 1 (nicht vorgeheizt)
Backzeit	70–100 Minuten das Baiser lösen, erkalten lassen.
	Für den Guß
75 g Halbbitter-Kuvertüre	
etwas Kokosfett	in einem kleinen Topf im Wasserbad bei schwacher Hitze zu einer geschmeidigen Masse verrühren, die Hasen damit zusammensetzen und die Gesichter verzieren, die Baiserböden (obere und untere Seite) mit dem restlichen Guß bestreichen, fest werden lassen.
	Für die Füllung
3 gestr. TL Gelatine	
gemahlen, weiß	mit
3 EL kaltem Wasser	nach Packungsanleitung quellen lassen und auflösen
150 g Joghurt	
300 g Wildpreiselbeeren (aus dem Glas)	
1 EL Zitronensaft	verrühren die lauwarme Gelatinelösung unterrühren, kalt stellen, wenn die Masse anfängt zu gelieren
500 ml (½ l) Schlagsahne	steif schlagen, unterheben die Biskuit- und Baiserböden damit zusammensetzen und außen bestreichen, die kleine auf die große Torte setzen, die Torte mindestens 3 Stunden kalt stellen, kurz vor dem Verzehr mit Häschen und Stäbchen garnieren.
Tip	Die Torte kann gut 1 Tag vor dem Verzehr zubereitet werden, die Garnierung sollte aber erst vor dem Verzehr angebracht werden.

Preiselbeer-Eierlikör-Torte

	Für den Teig
2 Eier (Größe M)	
1 EL heißes Wasser	mit Handrührgerät mit Rührbesen auf höchster Stufe in 1 Minute schaumig schlagen
80 g Zucker	mit
1 Pck. Vanillin-Zucker	mischen, innerhalb 1 Minute einstreuen
20 g Weizenmehl	mit
1 Msp. Backpulver	mischen, auf die Eiercreme sieben, kurz auf niedrigster Stufe unterrühren
100 g gemahlene Haselnußkerne	mit
½ TL gemahlenem Zimt	mischen, zusammen mit
30 g geraspelter Schokolade	auf die gleiche Weise unterrühren
25 g zerlassene, etwas abgekühlte Butter	unterrühren den Teig in eine Springform (Ø 18 cm, Boden gefettet) füllen, sofort backen
Ober-/Unterhitze	170–200 °C (vorgeheizt)
Heißluft	–
Gas	Stufe 3–4 (nicht vorgeheizt)
Backzeit	etwa 20 Minuten den Biskuitboden aus der Form lösen, erkalten lassen.
	Für den Belag
	den Biskuitboden mit
2–3 EL angedickten Preiselbeeren (aus dem Glas)	bestreichen (1 cm am Rand freilassen)
250 ml (¼ l) Schlagsahne	mit
1 Pck. Sahnesteif	
20 g gesiebtem Puderzucker	nach Anleitung auf dem Päckchen steif schlagen, die Hälfte der Sahne auf die Preiselbeeren streichen, die restliche Sahne in einen Spritzbeutel mit gezackter Tülle füllen, den Tortenrand damit verzieren
125 ml (⅛ l) Eierlikör	auf der Torte verteilen, 3–4 Stunden kalt stellen.

Punschtorte

Für diese Torte 2 Böden backen.

Für den Teig (pro Biskuitboden)

2 Eier (Größe M)	
2 EL heißes Wasser	mit Handrührgerät mit Rührbesen auf höchster Stufe in 1 Minute schaumig schlagen
75 g Zucker	mit
1 Pck. Vanillin-Zucker	mischen, innerhalb 1 Minute einstreuen, dann noch etwa 2 Minuten schlagen
50 g Weizenmehl	mit
50 g Speisestärke	
1 gestr. TL Backpulver	mischen, die Hälfte davon auf die Eiercreme sieben, kurz auf niedrigster Stufe unterrühren, den Rest des Mehl-Gemisches auf die gleiche Weise unterarbeiten, den Teig in eine Springform (Ø 18 cm, Boden gefettet, mit Backpapier belegt) füllen, sofort backen
Ober-/Unterhitze	180–200 °C (vorgeheizt)
Heißluft	–
Gas	Stufe 3–4 (nicht vorgeheizt)
Backzeit	etwa 20 Minuten
	auf diese Weise 2 Böden zubereiten, aus der Form lösen, erkalten lassen.

Für die Füllung

einen der beiden Biskuitböden zerkrümeln

mit den Ecken von

4 Stücken Würfelzucker	die
Schale von ½ Orange	
(unbehandelt)	abreiben, mit
4 EL Orangensaft	
1–2 EL Zitronensaft	
100 ml Rotwein, 3 EL Rum	
30 g Zartbitter-Schokolade	erhitzen, die heiße Masse sofort unter die Biskuitkrümel rühren.

Von dem zweiten Biskuitboden eine gut 1 cm dicke Platte abschneiden, den unteren Boden mit etwas von

100 g glattgerührtem	
Johannisbeergelee	bestreichen, die Füllung darauf verteilen, ebenfalls mit etwas Johannisbeergelee bestreichen, die Gebäckplatte darauf legen, gut andrücken, die Torte von außen mit restlichem Johannisbeergelee bestreichen

100 g Marzipan-Rohmasse	mit
50 g gesiebtem Puderzucker	verkneten, etwa 2 mm dick ausrollen, einen Streifen in Höhe des Tortenrands und eine Decke in Größe der Torte daraus schneiden, die Torte damit be- und umlegen, das Marzipan fest andrücken.
	Für den Guß
50 g gesiebten Puderzucker	mit
etwa 1 EL Malventee (zubereitet aus 1 Aufgußbeutel mit 4 EL kochendem Wasser)	zu einer dickflüssigen Masse verrühren, die Torte damit überziehen, mit
halben, kandierten Kirschen	garnieren und nach Belieben mit
30 g Puderzucker	
etwas heißem Wasser	und
Rote-Bete-Saft	verrührt, garnieren.

Rosenkuchen

	Für den Quark-Öl-Teig
100 g Weizenmehl	mit
2 gestr. TL Backpulver	mischen, in eine Rührschüssel sieben
30 g Speisequark	
2 EL Milch	
2 EL Speiseöl, 1 Prise Salz	
20 g Zucker	
1 Pck. Vanillin-Zucker	hinzufügen die Zutaten mit Handrührgerät mit Knethaken auf höchster Stufe in etwa 1 Minute zu einem Teig verarbeiten (nicht zu lange, Teig klebt sonst) den Teig zu einem Rechteck von etwa 40 x 30 cm ausrollen, mit
10 g weicher Butter	bestreichen.
	Für die Füllung
15 g Korinthen, 15 g Rosinen	
15 g abgezogene, gehackte Mandeln	
10 g Zucker,	
1 TL Vanillin-Zucker	mischen, auf den Teig streuen, diesen von der längeren Seite her aufrollen die Rolle in 10 Stücke schneiden, in eine Springform (Ø 16 cm, Boden gefettet) setzen, mit

Milch	bestreichen, die Form auf dem Rost in den Backofen schieben
Ober-/Unterhitze	180–200 °C (vorgeheizt)
Heißluft	160–180 °C (nicht vorgeheizt)
Gas	Stufe 3–4 (nicht vorgeheizt)
Backzeit	etwa 35 Minuten.

Saftiger Apfelkuchen

	Für den Rührteig
125 g Margarine oder Butter	mit Handrührgerät mit Rührbesen auf höchster Stufe geschmeidig rühren, nach und nach
100 g Zucker	
1 Pck. Vanillin-Zucker	hinzufügen, so lange rühren, bis eine gebundene Masse entsteht
2 Eier	unterrühren (jeweils etwa ½ Minute)
100 g Weizenmehl	mit
2 gestr. TL Backpulver	mischen, sieben, portionsweise auf mittlerer Stufe unterrühren
200 g feste Äpfel	schälen, vierteln, entkernen, klein würfeln, zuletzt unter den Teig heben Teig in eine Springform (Ø 20 cm, Boden gefettet) füllen, glattstreichen
Ober-/Unterhitze	etwa 180 °C (vorgeheizt)
Heißluft	etwa 160 °C (nicht vorgeheizt)
Gas	Stufe 2–3 (nicht vorgeheizt)
Backzeit	etwa 45 Minuten Kuchen aus der Form lösen, auf einem Kuchenrost erkalten lassen.
	Zum Besprenkeln
75 g gesiebten Puderzucker	mit
1–2 EL Zitronensaft	glattrühren, über den Kuchen sprenkeln und fest werden lassen den Kuchen nach Belieben mit
steifgeschlagener Schlagsahne	servieren.

Joghurttorte mit Früchten, Rezept Seite 122

Karamelisierte Möhren-Sahne-Torte, Rezept Seite 124

Mini-Birnenkuchen, Rezept Seite 128 *Birnentörtchen, Rezept Seite 176*

Mini-Kirsch-Quarkkuchen, Rezept Seite 129

Schichttorte

	Für den Rührteig
80 g Butter oder Margarine	mit Handrührgerät mit Rührbesen auf höchster Stufe geschmeidig rühren, nach und nach
80 g Zucker	
1 Pck. Vanillin-Zucker	unterrühren, so lange rühren, bis eine gebundene Masse entstanden ist
2 Eier	nach und nach unterrühren (jedes Ei etwa ½ Minute)
50 g Weizenmehl	mit
30 g Speisestärke	
1 gestr. TL Backpulver	mischen, sieben, abwechselnd portionsweise mit
1 EL Rum	auf mittlerer Stufe unterrühren gut 2 Teelöffel des Teiges in eine Springform (Ø 16 cm, Boden gefettet, mit Backpapier belegt) füllen, glattstreichen, auf dem Rost in den Backofen schieben, hellbraun backen
Ober-/Unterhitze	180–200 °C (vorgeheizt)
Heißluft	160–180 °C (vorgeheizt)
Gas	Stufe 3–4 (vorgeheizt)
Backzeit	etwa 10 Minuten danach für die zweite Schicht wieder gut 2 Teelöffel des Teiges auf die gebackene Schicht streichen, bei der zweiten und den folgenden Schichten beträgt die Backzeit jeweils 8–10 Minuten nach der zweiten Schicht die Backtemperatur verringern, nach Möglichkeit die Unterhitze wegnehmen oder ein Backblech und eine Schüssel mit Wasser unter die Form schieben der fertige Kuchen soll mindestens aus 8 Schichten bestehen
	Für den Guß
50 g Zartbitterschokolade	
1 Msp. Kokosfett	im Wasserbad zu einer geschmeidigen Masse verrühren, den erkalteten Kuchen damit überziehen.

Sternzeichen-Torte

(Foto Seite 157)

	Für den Rührteig
150 g Butter oder Margarine	mit Handrührgerät mit Rührbesen auf höchster Stufe geschmeidig rühren, nach und nach
75 g Zucker	
1 Pck. Vanillin-Zucker	
1 Prise Salz	unterrühren, so lange rühren, bis eine gebundene Masse entstanden ist
3 Eier	nach und nach unterrühren (jedes Ei etwa ½ Minute)
175 g Weizenmehl	mit
1 TL Backpulver	
½ TL Zimt	
1 Prise geriebener Muskatnuß	mischen, sieben, portionsweise auf mittlerer Stufe unterrühren
	den Teig in eine Sternzeichenform (Ø 20–22 cm, Boden gefettet) füllen
Ober-/Unterhitze	etwa 180 °C (vorgeheizt)
Heißluft	etwa 160 °C (nicht vorgeheizt)
Gas	etwa Stufe 3 (nicht vorgeheizt)
Backzeit	etwa 35 Minuten
	den Kuchen aus der Form lösen und auf einem Kuchenrost erkalten lassen.
	Für den Guß
50–60 g Puderzucker	mit
2 EL Zitronensaft	glattrühren, den Kuchen mit einem Teil des Gusses überziehen, den Guß trocknen lassen, unter den restlichen Guß
einige Tropfen rote Speisefarbe	rühren, die Form des Sternzeichens damit bestreichen.
Tip	Wer keine Sternzeichenform hat, kann den Kuchen auch in einer Springform (Ø 20 cm) backen.

Törtchen & Obsttorten

Aprikosentörtchen

	Für den Knetteig
100 g Weizenmehl	mit
1 Msp. Backpulver	mischen, in eine Rührschüssel sieben
40 g Zucker	
1 Pck. Vanillin-Zucker	
1 Prise Salz	
2 Tropfen Zitronen-Aroma	
2 EL Wasser	
50 g Butter	hinzufügen
	die Zutaten mit Handrührgerät mit Knethaken zunächst kurz auf niedrigster, dann auf höchster Stufe gut durcharbeiten, anschließend auf der bemehlten Arbeitsfläche zu einem glatten Teig verkneten, zu einer Kugel formen und mindestens 60 Minuten kalt stellen
	den Teig dünn ausrollen, mit einer runden Form (Ø etwa 10 cm) ausstechen, in 5 gut gefettete Tortelettförmchen (Ø 10 cm) geben und die Teigböden mehrmals mit einer Gabel einstechen.
	Für den Belag
500 g reife Aprikosen (oder eingemachte aus dem Glas)	waschen, entsteinen, vierteln, die Früchteviertel auf den Teig legen
etwa 100 g Aprikosenkonfitüre	erwärmen, durch ein Sieb streichen, mit
10 ml Aprikosengeist	aromatisieren, die Törtchen damit bestreichen, mit jeweils einer von
6 Walnußkernhälften	garnieren
	die Törtchen auf dem Rost in den Backofen schieben
Ober-/Unterhitze	etwa 220 °C (vorgeheizt)
Heißluft	etwa 200 °C (vorgeheizt)
Gas	etwa Stufe 4 (vorgeheizt)
Backzeit	10–12 Minuten
	die fertigen Törtchen aus den Förmchen lösen, auf einem Kuchenrost erkalten lassen, vor dem Servieren mit
Puderzucker	bestäuben.

Baiser-Obst-Törtchen

(Foto Seite 158)

	Für die Füllung
500 g Stachelbeeren (aus dem Glas)	abtropfen lassen, den Saft auffangen
	Für die Baisermasse
2 Eiweiß	mit Handrührgerät mit Rührbesen auf höchster Stufe steif schlagen (es muß so fest sein, daß ein Messerschnitt sichtbar bleibt), nach und nach
100 g feinkörnigen Zucker	unterrühren die Baisermasse in einen Spritzbeutel mit gezackter Tülle füllen, Törtchen (Ø etwa 7 cm, Randhöhe etwa 2 cm) spiralförmig auf ein mit Backpapier belegtes Backblech spritzen, zu jedem Törtchen einen Tupfen als Hütchen spritzen, das Backblech in den Backofen schieben
Ober-/Unterhitze	110–130 °C (vorgeheizt)
Heißluft	etwa 100 °C (vorgeheizt)
Gas	25 Minuten Stufe 1, 25 Minuten aus, 25 Minuten Stufe 1
Backzeit	etwa 60 Minuten die Törtchen erkalten lassen die Stachelbeeren in die Törtchen füllen.
	Für den Guß
1 Pck. Tortenguß, klar	mit
250 ml (¼ l) Stachelbeersaft (evtl. mit Wasser ergänzt)	nach Packungsanleitung (ohne Zuckerzugabe) zubereiten, über die Stachelbeeren verteilen, die Baiserhütchen darauf setzen
Schlagsahne	dazu reichen.
Tip	Statt Stachelbeeren Sauerkirschen, gedünsteten Rhabarber oder gemischte Beerenfrüchte verwenden. Als Beilage eignet sich auch Vanilleeis.

Bananenküchlein

	Für den Rührteig
250 g reife Bananen	schälen, mit einer Gabel fein zerdrücken
2 EL Zitronensaft	zufügen
100 g Butter oder Margarine	mit Handrührgerät mit Rührbesen auf höchster Stufe geschmeidig rühren
	Bananen und
3 Eigelb	unterrühren (jedes Eigelb knapp ½ Minute)
125 g Weizenmehl (Type 1050)	mit
1 gestr. TL Backpulver	mischen, sieben, portionsweise auf mittlerer Stufe unterrühren
200 g abgezogene, gemahlene Mandeln	unterrühren
3 Eiweiß	zu steifem Schnee schlagen, unterheben
	den Teig mit zwei Teelöffeln in Papierbackförmchen (vorher auf ein Backblech stellen, am besten für jedes Törtchen zwei Papierbackförmchen ineinanderstellen, sie sind dann stabiler) füllen, in den Backofen schieben
Ober-/Unterhitze	170–200 °C (vorgeheizt)
Heißluft	150–180 °C (vorgeheizt)
Gas	Stufe 3–4 (vorgeheizt)
Backzeit	etwa 20 Minuten
	die Küchlein in den Papierbackförmchen erkalten lassen
	Zum Bestreichen
2 EL Aprikosenkonfitüre	mit
1 EL Wasser	aufkochen lassen, die Küchlein damit bestreichen
	nach Belieben eine Banane in Stücke schneiden, zur Hälfte in zerlassene Kuvertüre tauchen, mit bunten Spießen auf die Küchlein setzen.

Beeren-Törtchen

	Für den Knetteig
200 g Weizenmehl	mit
1 gestrichenen TL Backpulver	mischen, in eine Rührschüssel sieben
75 g Zucker	
1 Pck. Vanillin-Zucker	
1 Prise Salz	
4 Tropfen Zitronen-Aroma	
2 EL Wasser	
100 g Butter	hinzufügen die Zutaten mit Handrührgerät mit Knethaken zunächst kurz auf niedrigster, dann auf höchster Stufe gut durcharbeiten, anschließend auf der Arbeitsfläche zu einem glatten Teig verkneten, den Teig etwa 3 mm dick ausrollen, mit einer runden Form (Ø 10 bis 12 cm) ausstechen, die Teigplatten in gut gefettete Tortelettförmchen (Ø 10 cm) mit glattem Rand legen, mehrmals mit einer Gabel einstechen, auf ein Backblech stellen, in den Backofen schieben
Ober-/Unterhitze	175–200 °C (vorgeheizt)
Heißluft	150–180 °C (vorgeheizt)
Gas	Stufe 3–4 (vorgeheizt)
Backzeit:	10–15 Minuten die Törtchen aus den Förmchen lösen, erkalten lassen, gleichmäßig mit
Sahnesteif	ausstreuen.
	Für den Belag
500–750 g gemischtes Obst (z.B. Erdbeeren, Kirschen, Himbeeren, Brombeeren, Blaubeeren)	gleichmäßig auf die Törtchen verteilen
	Für den Guß
1 Pck. Tortenguß, klar	
25 g Zucker	
250 ml (1/4 l) Fruchtsaft oder Weißwein	nach Packungsanleitung zubereiten, über das Obst verteilen.

Buttercremetörtchen

20 Stück

	Für den Knetteig
250 g Weizenmehl	mit
1 gestr. TL Backpulver	mischen, in eine Rührschüssel sieben
50 g Zucker	
1 Pck. Vanillin-Zucker	
2 EL saure Sahne	
180 g Butter oder Margarine	hinzufügen
	die Zutaten mit Handrührgerät mit Knethaken zunächst auf niedrigster, dann auf höchster Stufe gut durcharbeiten, anschließend auf der Arbeitsfläche zu einem glatten Teig verkneten, sollte er kleben, ihn eine Zeitlang kalt stellen, den Teig etwa 3 mm dick ausrollen, 40 Plätzchen (Ø etwa 7 cm) ausstechen, auf ein Backblech legen, in den Backofen schieben
Ober-/Unterhitze	180–200 °C (vorgeheizt)
Heißluft	160–180 °C (nicht vorgeheizt)
Gas	Stufe 3–4 (vorgeheizt)
Backzeit	12–15 Minuten.
	Für die Buttercreme
	aus
1 Pck. Pudding-Pulver Schokolade, 50 g Zucker	
4 EL kalter Milch	
250 ml (¼ l) Milch	nach Anleitung auf dem Päckchen einen Pudding zubereiten, kalt stellen, ab und zu durchrühren
150 g Butter oder Margarine	geschmeidig rühren, den erkalteten Pudding portionsweise darunter geben (darauf achten, daß weder Fett noch Pudding zu kalt sind, da sonst die sogenannte Gerinnung eintritt)
25 g Kokosfett	zerlassen, unterrühren.
	Für den Guß
75 g Puderzucker	mit
20 g Kakaopulver	mischen, sieben, mit
etwa 1½ EL heißem Wasser	glattrühren, so daß eine dickflüssige Masse entsteht
25 g Kokosfett	zerlassen, unterrühren, die Hälfte der erkalteten Plätzchen auf der Oberseite damit bestreichen, die nicht bestrichenen Plätzchen auf der Unterseite spiralförmig mit Creme bespritzen, die übrigen darauf legen, mit einem Cremetuff verzieren.

Erdbeer-Küchlis

(etwa 22 Stück)

	Für den Rührteig
300 g Erdbeeren	waschen, abtropfen lassen, entstielen, halbieren (evtl. vierteln)
125 g weiche Butter	mit Handrührgerät mit Rührbesen auf höchster Stufe geschmeidig rühren, nach und nach
150 g Zucker	
1 Pck. Vanillin-Zucker	unterrühren, so lange rühren, bis eine gebundene Masse entstanden ist
3 Eier	nach und nach unterrühren (jedes Ei etwa ½ Minute)
300 g Weizenmehl	mit
3 gestr. TL Backpulver	mischen, sieben, abwechselnd portionsweise mit
150 g Vollmilchjoghurt	auf mittlerer Stufe unterrühren
	Erdbeeren unterheben
	Papierbackförmchen (Ø 6,5 cm, je 2 ineinander gestellt) auf ein Backblech stellen, jeweils etwa 2 Eßlöffel Teig in die Förmchen füllen, das Backblech in den Backofen schieben
Ober-/Unterhitze	etwa 180 °C (vorgeheizt)
Heißluft	etwa 160 °C (nicht vorgeheizt)
Gas	etwa Stufe 3–4 (vorgeheizt)
Backzeit	etwa 25 Minuten
	Küchlis auf einem Kuchenrost erkalten lassen.
	Für die Vanille-Sahne
250 g (¼ l) Schlagsahne	mit Handrührgerät mit Rührbesen steif schlagen
1 Pck. Natürliches Bourbon-Vanille-Aroma	unterrühren, Sahne in einen Spritzbeutel mit Lochtülle (Ø 8 mm) füllen, auf die Küchlis spritzen und mit
200 g vorbereiteten Erdbeeren	garnieren.

Erdbeer-Sahne-Törtchen

10–11 Stück

	Für den Knetteig
150 g Weizenmehl	mit
½ gestr. TL Backpulver	mischen, in eine Rührschüssel sieben
65 g Zucker	
1 Pck. Vanillin-Zucker	

1 Ei	
65 g weiche Butter	hinzufügen
	die Zutaten mit Handrührgerät mit Knethaken zunächst kurz auf niedrigster, dann auf höchster Stufe gut durcharbeiten, anschließend auf der Arbeitsfläche zu einem glatten Teig verkneten
	den Teig etwa 3 mm dick ausrollen, runde Plätzchen (Ø etwa 10 cm) ausstechen, die Teigplätzchen auf ein gefettetes Backblech legen, in den Backofen schieben
Ober-/Unterhitze	180–200 °C (vorgeheizt)
Heißluft	160–180 °C (nicht vorgeheizt)
Gas	Stufe 3–4 (vorgeheizt)
Backzeit	10–15 Minuten
	die gebackenen Törtchen erkalten lassen.
	Für die Erdbeer-Sahne
2 Päckchen gemahlene Gelatine, weiß	mit
6 EL kaltem Wasser	in einem kleinen Topf anrühren, 10 Minuten zum Quellen stehenlassen
500–600 g Erdbeeren	waschen, abtropfen lassen, entstielen, pürieren, mit
100 g Zucker	
Saft von ½ Zitrone	verrühren
	die Gelatine unter Rühren erwärmen, bis sie gelöst ist, unter das Erdbeer-Püree rühren
	wenn die Masse beginnt dicklich zu werden,
375 ml (3/8 l) Schlagsahne	steif schlagen, unterheben
	die Erdbeermasse in 10–11 kuppelförmige, mit
Speiseöl	ausgestrichene Tassen (Ø etwa 7 cm) füllen, glattstreichen, im Kühlschrank fest werden lassen, auf die Knetteig-Törtchen stürzen, dafür die Erdbeercreme am Tassenrand mit einem Küchenmesser lösen, die Tasse kurz in warmes Wasser tauchen, stürzen
125–250 ml (1/8–1/4 l) Schlagsahne	½ Minute schlagen
1 TL Zucker	
½–1 Pck. Sahnesteif	einstreuen, die Sahne steif schlagen, in einen Spritzbeutel mit gezackter Tülle füllen, die Törtchen damit verzieren, mit
Erdbeeren	
Schokoladenblättchen	garnieren.

Erdbeertörtchen

	Für den Knetteig
100 g Weizenmehl	mit
1 Msp. Backpulver	mischen, in eine Rührschüssel sieben
40 g Zucker	
1 Pck. Vanillin-Zucker	
1 Prise Salz	
2 Tropfen Zitronen-Aroma	
2 EL Wasser	
50 g Butter	hinzufügen die Zutaten mit Handrührgerät mit Knethaken zunächst kurz auf niedrigster, dann auf höchster Stufe gut durcharbeiten, anschließend auf der bemehlten Arbeitsfläche zu einem glatten Teig verkneten, zu einer Kugel formen und mindestens 60 Minuten kalt stellen den Teig dünn ausrollen, mit einer runden Form (Ø etwa 10 cm) ausstechen, in 5 gut gefettete Tortelettförmchen (Ø 10 cm) geben und die Teigböden mehrmals mit einer Gabel einstechen, den Teig mit
Hülsenfrüchten	belegen, die Förmchen auf dem Rost in den Backofen schieben und die Törtchen blindbacken
Ober-/Unterhitze	etwa 200 °C (vorgeheizt)
Heißluft	etwa 180 °C (vorgeheizt)
Gas	etwa Stufe 3 (vorgeheizt)
Backzeit	etwa 10 Minuten. die fertigen Törtchen aus den Förmchen lösen, auf einem Kuchenrost erkalten lassen.
	Für den Belag
5 EL Erdbeerkonfitüre	erwärmen, durch ein Sieb streichen, die Törtchen damit bestreichen
500 g Erdbeeren	waschen, abtropfen lassen, putzen, halbieren und die Törtchen damit belegen.
Tip	Mit steifgeschlagener Sahne servieren.

Feigentörtchen

(Foto Seite 159)

	Für den Knetteig
100 g Weizenmehl	in eine Rührschüssel sieben
30 g Zucker	
1 Pck. Vanillin-Zucker	
70 g Butter oder Margarine	hinzufügen
	die Zutaten mit Handrührgerät mit Knethaken zunächst kurz auf niedrigster, dann auf höchster Stufe gut durcharbeiten, anschließend auf der Arbeitsfläche zu einem glatten Teig verarbeiten
	den Teig dünn ausrollen, 4 kleine Quadrate (5 x 5 cm) und 4 große Quadrate (8 x 8 cm) ausschneiden
	alle Quadrate halbieren, so daß Dreiecke entstehen, und diese auf ein gefettetes, mit Backpapier belegtes Backblech legen und in den Backofen schieben
Ober-/Unterhitze	180–200 °C (vorgeheizt)
Heißluft	160–180 °C (vorgeheizt)
Gas	Stufe 3–4 (vorgeheizt)
Backzeit	etwa 10 Minuten
	das Gebäck vom Backblech lösen und erkalten lassen.
	Für die Füllung
	von
3 reifen Feigen	2 Feigen schälen, in kleine Würfel schneiden und die dritte Feige achteln
200 ml Schlagsahne	mit
1 Pck. Sahnesteif	
20 g gesiebtem Puderzucker	steif schlagen, die Feigenwürfel unterrühren, die Masse auf die großen Dreiecke verteilen, mit den kleinen Dreiecken belegen und die Feigenachtel darauf legen
	das Gebäck mit
Puderzucker	bestäuben und mit
Feigenschnitzen	garnieren.

Flana-Törtchen

(20 Törtchen)

	Für den Teig
250 g Weizenmehl	mit
1 gestr. TL Backpulver	mischen, in eine Rührschüssel sieben
50 g Zucker	
1 Pck. Vanillin-Zucker	
2 EL Milch oder saure Sahne	
175 g kalte Butter	in Stücke schneiden, hinzufügen, mit dem Handrührgerät mit Knethaken verarbeiten, anschließend auf der gemehlten Arbeitsfläche zu einem glatten Teig verkneten, sollte er kleben, ihn eine Zeitlang kalt stellen den Teig etwa 3 mm dick ausrollen, 40 Plätzchen (Ø etwa 7 cm) ausstechen, auf ein Backblech legen, in den Backofen schieben
Ober-/Unterhitze	180–200 °C (vorgeheizt)
Heißluft	160–180 °C (nicht vorgeheizt)
Gas	Stufe 3–4 (vorgeheizt)
Backzeit	12–15 Minuten.
	Für die Buttercreme aus
1 Pck. Pudding-Pulver, Schokolade, z. B. Flana	
50 g Zucker	
4 EL kalter Milch	
250 ml (¼ l) Milch	nach Packungsanleitung einen Pudding zubereiten, kalt stellen, ab und zu durchrühren.
	Für den Guß
75 g Puderzucker, 20 g Kakao	mischen, sieben, mit
etwa 1½ EL heißem Wasser	glattrühren, so daß eine dickflüssige Masse entsteht
25 g Kokosfett	zerlassen, unterrühren, die Hälfte der erkalteten Plätzchen auf der Oberseite damit bestreichen
150 g Butter	geschmeidig rühren, den erkalteten Pudding eßlöffelweise darunter geben (darauf achten, daß weder Fett noch Flana zu kalt sind, da dann die sogenannte Gerinnung eintritt)
25 g Kokosfett	zerlassen, unterrühren, die nicht bestrichenen Plätzchen auf der Unterseite spiralförmig mit der Creme bespritzen, die übrigen darauf legen, mit einem Cremetupfen verzieren.

Florentiner Törtchen

	Für den Knetteig
150 g Weizenmehl	mit
½ gestr. TL Backpulver	mischen, in eine Rührschüssel sieben
50 g Zucker	
1 Pck. Vanillin-Zucker	
1 Ei (Größe M)	
75 g Butter	hinzufügen
	die Zutaten mit Handrührgerät mit Knethaken zunächst kurz auf niedrigster, dann auf höchster Stufe gut durcharbeiten, anschließend auf der Arbeitsfläche zu einem glatten Teig verkneten (sollte er kleben, ihn eine Zeitlang kalt stellen)
	den Teig etwa 3 mm dick ausrollen, runde Plätzchen (Ø etwa 8 cm) ausstechen, auf ein gut gefettetes Backblech legen, in den Backofen schieben, hellgelb vorbacken
Ober-/Unterhitze	200–220 °C (vorgeheizt)
Heißluft	180–200 °C (nicht vorgeheizt)
Gas	Stufe 3–4 (vorgeheizt)
Backzeit	5–7 Minuten.
	Für den Belag
50 g Butter	mit
100 g Zucker	
1 Pck. Vanillin-Zucker	
2 EL Honig	unter Rühren karamelisieren lassen
125 ml (⅛ l) Schlagsahne	hinzufügen, rühren, bis sich die Karamelmasse gelöst hat
100 g abgezogene, gehobelte Mandeln	
100 g in Scheiben geschnittene Haselnußkerne	
25 g in Stücke geschnittene Belegkirschen	dazugeben, so lange unter Rühren erhitzen, bis die Masse gebunden ist
5 Tropfen Rum-Aroma	unterrühren, die Masse mit 2 Teelöffeln auf die vorgebackenen Plätzchen verteilen, in den Backofen schieben, bei gleicher Temperatureinstellung noch 10–12 Minuten backen.

	Für den Guß
75 g dunkle Kuvertüre	in einem kleinen Topf im Wasserbad bei schwacher Hitze zu einer geschmeidigen Masse verrühren, die erkalteten Törtchen auf der Unterseite damit bestreichen.

Früchte-Torteletts

	Für den Biskuitteig
1 Eiweiß	mit
1 TL kaltem Wasser	steif schlagen
40 g Zucker	
1 Pck. Vanillin-Zucker	dazugeben, unterrühren
1 Eigelb	unterziehen
30 g Weizenmehl	mit
20 g Speisestärke	
1 Msp. Backpulver	mischen, auf die Eiercreme sieben, vorsichtig unterheben
	den Teig in gefettete, mit
Semmelbröseln	ausgestreute Tortelettförmchen (Ø etwa 10 cm) füllen, sofort backen
Ober-/Unterhitze	etwa 200 °C (vorgeheizt)
Heißluft	etwa 180 °C (vorgeheizt)
Gas	Stufe 3–4 (vorgeheizt)
Backzeit	etwa 12 Minuten.
	Für den Belag
250 g Beerenobst	waschen, gut abtropfen lassen, entstielen oder verlesen, auf den ausgekühlten Torteletts verteilen.
	Für den Guß
½ Pck. Tortenguß	mit
125 ml (⅛ l) Wasser	
und/oder Fruchtsaft	verrühren, aufkochen lassen, das Obst damit überziehen
100 g Schlagsahne	mit
15 g Zucker	steif schlagen, die Torteletts damit verzieren.
Tip	Sie können den Tortenguß auch mit Fruchtlikören aromatisieren.

Sternzeichen-Torte, Rezept Seite 142

Baiser-Obst-Törtchen, Rezept Seite 146

Minikuchen, Rezept Seite 167

Feigentörtchen, Rezept Seite 153

Havanna-Törtchen, Rezept Seite 161

Havanna-Törtchen

(Foto Seite 160)

	Für die Baisermasse
6 Eiweiß	mit Handrührgerät mit Rührbesen auf höchster Stufe steif schlagen
150 g feinkörnigen Zucker	mit
1 Pck. Vanillin-Zucker	eßlöffelweise unterrühren
1 Msp. gemahlenen Zimt	
150 g gemahlene, geröstete Haselnußkerne	unterrühren
60 g Weizenmehl	sieben, vorsichtig unter die Eierschnee-Haselnuß-Masse heben (nicht rühren)
	ein gefettetes Backblech mit Backpapier auslegen, darauf Kreise zeichnen (Ø etwa 6 cm)
	die Nußmasse in der Größe der Kreise aufstreichen, das Backblech in den Backofen schieben
Ober-/Unterhitze	etwa 150 °C (vorgeheizt)
Heißluft	etwa 130 °C (vorgeheizt)
Gas	etwa Stufe 2 (vorgeheizt)
Backzeit	etwa 30 Minuten.
	Für die Füllung
20 g Speisestärke	sieben, mit
1 TL Zucker	
250 ml (¼ l) Milch	in einem Topf anrühren, unter Rühren zum Kochen bringen
2–3 TL Instant-Kaffee	unterrühren
100 g Nuß-Nougatmasse	in kleine Stücke schneiden, unter den heißen Pudding rühren, die Masse unter Rühren erkalten lassen
125 g weiche Butter	geschmeidig rühren, den Nougat-Pudding eßlöffelweise unterrühren
	die Masse in einen Spritzbeutel mit gezackter Tülle füllen, die eine Hälfte der Plätzchen damit bespritzen (etwas von der Creme für 16–17 Tuffs zurücklassen), mit den unbespritzten Plätzchen bedecken, die Seiten der Törtchen mit
Kakaopulver	bestäuben, dabei jeweils die Törtchenoberfläche mit einem 2 cm breiten Pappstreifen bedecken, damit sie nicht mit Kakao bestäubt wird
	in die Mitte jedes Törtchens einen Creme-Tuff spritzen, jeweils eine von
16–17 Mokkabohnen	darauf legen.

Karamel-Sahne-Törtchen

	Für den Knetteig
100 g Weizenmehl	mit
½ gestr. TL Backpulver	mischen, in eine Rührschüssel sieben
35 g Farinzucker	
1 Pck. Bourbon-Vanillezucker	
2 Tropfen Butter-Vanille-Aroma	
1 Prise Salz	
1 EL Wasser	
50 g Butter oder Margarine	hinzufügen die Zutaten mit Handrührgerät mit Knethaken zunächst kurz auf niedrigster, dann auf höchster Stufe gut durcharbeiten, anschließend auf der Arbeitsfläche zu einem glatten Teig verkneten den Teig etwa 1 Stunde kalt stellen, dünn ausrollen, mit einer runden Form (Ø 7,5 cm) 16 Platten ausstechen 8 Platten davon mit einer Form (Ø 4 cm) so ausstechen, daß Ringe entstehen, die Platten und Ringe auf ein gefettetes Backblech legen
Ober-/Unterhitze	170–200 °C (vorgeheizt)
Heißluft	150–180 °C (nicht vorgeheizt)
Gas	Stufe 3–4 (vorgeheizt)
Backzeit	10–15 Minuten das Gebäck vom Backblech nehmen und erkalten lassen, mit
25 g aufgelöster Halbbitter-Kuvertüre	besprenkeln.
	Für den Karamel
200 ml Schlagsahne	
20 g Butter	
150 g Zucker	
3 Tropfen Butter-Vanille-Aroma	in einem hohen Kochtopf etwa 10 Minuten kochen, bis die Masse dickflüssig und bräunlich wird, gegen Ende der Kochzeit ständig rühren die Masse auf Backpapier geben, mit Backpapier belegen, etwa ½ cm dick ausrollen, fest werden lassen

	das obere Backpapier abziehen, 8 runde Platten (Ø 7,5 cm) ausstechen, außerdem einige kleinere Plättchen (Ø 2 cm) ausstechen die Reste der Karamelmasse fein hacken die großen Knetteigplatten mit
25 g verrührtem Johannisbeergelee	bestreichen, mit den großen Karamelplatten belegen.
	Für die Karamelsahne
375 ml (3/8 l) Schlagsahne	mit
1 Pck. Sahnesteif	steif schlagen, die feingehackte Karamelmasse unterheben die Sahnemasse in einen Spritzbeutel mit Tüllenring füllen, auf die Karamelplatten spritzen, mit den Ringen belegen und mit den Karamelplättchen garnieren.

Kirsch-Sahne-Törtchen

	Für den Knetteig
250 g Weizenmehl	mit
1 Msp. Backpulver	mischen, in eine Rührschüssel sieben
100 g Zucker	
1 Pck. Vanillin-Zucker	
1 Prise Salz	
1 Eigelb (Größe M)	
175 g Butter	hinzufügen die Zutaten mit Handrührgerät mit Knethaken zunächst kurz auf niedrigster, dann auf höchster Stufe gut durcharbeiten, anschließend auf der Arbeitsfläche zu einem glatten Teig verkneten (sollte er kleben, ihn eine Zeitlang kalt stellen) den Teig dünn ausrollen, mit einer gezackten Form (Ø etwa 6 cm) ausstechen, auf ein Backblech legen
1 Eiweiß (Größe M)	mit
1 TL Wasser	verschlagen, die Hälfte der Teigplätzchen damit bestreichen, mit
75 g Hagelzucker	bestreuen
Ober-/Unterhitze	170–200 °C (vorgeheizt)
Heißluft	160–170 °C (vorgeheizt)
Gas	Stufe 3–4 (vorgeheizt)
Backzeit	etwa 10 Minuten.

	Für die Füllung
250 g gedünstete Schattenmorellen	gut abtropfen lassen
400–500 ml Schlagsahne	½ Minute schlagen
2 Pck. Vanillin-Zucker	mit
2 Pck. Sahnesteif	mischen, einstreuen, die Sahne steif schlagen
	die nicht bestreuten Plätzchen auf der Unterseite am Rand mit Sahne bespritzen, die Mitte mit Schattenmorellen ausfüllen, die bestreuten Plätzchen darauf legen.

Kokos-Orangen-Törtchen

(etwa 20 Stück)

	Für den Rührteig
160 g weiche Butter	
100 g Marzipan-Rohmasse	mit Handrührgerät mit Rührbesen auf höchster Stufe geschmeidig rühren, nach und nach
100 g Zucker	
1 Pck. Vanillin-Zucker	
1 Prise Salz	hinzufügen, so lange rühren, bis eine gebundene Masse entstanden ist
4 Eier	nach und nach unterrühren (jedes Ei etwa ½ Minute)
abgeriebene Schale von ½ Orange (unbehandelt)	
30 g feingehacktes Orangeat	
125 g Kokosraspel	hinzufügen, unterrühren
	die Masse in gut gefettete Tortelettförmchen oder auf etwa 20 Papierbackförmchen verteilen, die Backförmchen auf dem Backblech in den Backofen schieben
Ober-/Unterhitze	etwa 180 °C (vorgeheizt)
Heißluft	etwa 160 °C (nicht vorgeheizt)
Gas	etwa Stufe 3 (vorgeheizt)
Backzeit	etwa 25 Minuten
	die gebackenen Törtchen aus der Form lösen, erkalten lassen, mit
Puderzucker	bestäuben, mit
Belegkirschen	garnieren.

Mailänder Marzipan-Törtchen

(Foto Seite 177)

Für den Knetteig

200 g Weizenmehl in eine Rührschüssel sieben
65 g Zucker
abgeriebene Schale von ½ Zitrone (unbehandelt)
125 g Butter hinzufügen
die Zutaten mit Handrührgerät mit Knethaken zunächst kurz auf niedrigster, dann auf höchster Stufe gut durcharbeiten, anschließend auf der Arbeitsfläche zu einem glatten Teig verkneten, ihn eine Zeitlang kalt stellen
den Teig etwa 3 mm dick ausrollen, runde Plätzchen (Ø etwa 8 cm) ausstechen, die Plätzchen auf ein gefettetes, mit Backpapier belegtes Backblech legen.

Für den Belag

125 g Marzipan-Rohmasse mit Handrührgerät mit Rührbesen gut verrühren, nach und nach
30 g gesiebten Puderzucker
1 Eigelb
1 EL Zitronensaft unterrühren, so lange rühren, bis eine cremige Masse entstanden ist
die Masse in einen Spritzbeutel mit kleiner gezackter Tülle geben, auf die Hälfte der Plätzchen Tuffs spritzen, das Backblech in den Backofen schieben
Ober-/Unterhitze 180–200 °C (vorgeheizt)
Heißluft 160–180 °C (vorgeheizt)
Gas Stufe 3–4 (vorgeheizt)
Backzeit etwa 15 Minuten
die Plätzchen erkalten lassen.

Für die Füllung

75 g Marzipan-Rohmasse mit Handrührgerät mit Rührbesen verrühren
1–2 EL Rum oder Arrak
1 EL Aprikosenkonfitüre unterrühren
die unbespritzten Plätzchen damit bestreichen, mit den bespritzten Plätzchen zu Törtchen zusammensetzen

3–4 kandierte Kirschen	vierteln, jedes Törtchen mit einem Stück Kirsche garnieren.
	Zum Aprikotieren
1½ EL Aprikosenkonfitüre	durch ein Sieb streichen, mit
2 EL Wasser	verrühren, aufkochen lassen, die Marzipan-Törtchen damit bestreichen, nach Belieben mit
geschlagener Sahne	verzieren.

Mandeltörtchen mit Eis

(8–10 Stück)

	Für den Teig
200 g Mandeln	in Wasser aufkochen, abkühlen lassen, die Haut abziehen, die Kerne fein mahlen, mit
200 g Zucker	
4 Eiweiß (Größe M)	
1 Prise Zimt	verrühren, im Topf bei kleiner Hitze weiterrühren, bis die Masse kaum noch klebt
	8–10 Tortelettförmchen mit
2 EL zerlassener	
Butter	ausfetten, die Mandelmasse hineindrücken, auf dem Rost in den Backofen schieben
Ober-/Unterhitze	etwa 140 °C (vorgeheizt)
Heißluft	etwa 120 °C (nicht vorgeheizt)
Gas	etwa Stufe 1 (vorgeheizt)
Backzeit	20–30 Minuten
	Törtchen stürzen, abkühlen lassen
4 Eigelb	mit
80 g Zucker	
abgeriebener Schale von	
1 Zitrone (unbehandelt)	schaumig schlagen, mit
Saft von 2 Zitronen	verrühren
500 ml (½ l) Schlagsahne	steif schlagen, unter die Eigelbcreme ziehen, in einen Behälter geben, gefrieren lassen, nach etwa 4 Stunden aus dem Eis mit einem Portionierer Kugeln formen, auf die Torteletts verteilen, mit
Zitronenscheiben	garnieren.
Tip	Dazu paßt Schlagsahne.

Minikuchen

(20–24 Stück, Foto Seite 158)

	Für den Rührteig
125 g Butter oder Margarine	mit Handrührgerät mit Rührbesen auf höchster Stufe geschmeidig rühren, nach und nach
125 g Zucker	
1 Pck. Vanillin-Zucker	
1 Prise Salz	unterrühren, so lange rühren, bis eine gebundene Masse entstanden ist
2 Eier	nach und nach unterrühren (jedes Ei etwa ½ Minute)
250 g Weizenmehl	mit
2 gestr. TL Backpulver	mischen, sieben, portionsweise abwechselnd mit
3–4 EL Milch	auf mittlerer Stufe unterrühren
	die Hälfte des Teiges mit Hilfe von zwei Teelöffeln in 10–12 Papierbackförmchen (vorher auf ein Backblech stellen, am besten für jedes Törtchen 2 Papierbackförmchen ineinanderstellen, sie sind dann stabiler) füllen
100 g abgetropfte Sauerkirschen	auf dem Teig verteilen, das Backblech in den Backofen schieben
Ober-/Unterhitze	180–200 °C (vorgeheizt)
Heißluft	160–180 °C (vorgeheizt)
Gas	Stufe 3–4 (vorgeheizt)
Backzeit	15–20 Minuten
	unter die andere Teighälfte
50 g gehackte Vollmilch-Schokolade	
1 EL gemahlene Haselnußkerne	rühren, den Teig ebenfalls in 10–12 Papierbackförmchen (jeweils 2 ineinandergestellt) füllen, bei der oben angegebenen Temperatur backen
	die Minikuchen vor dem Servieren mit
1 geh. EL Puderzucker	bestäuben.

Quarkküchlein mit Orangensauce

(Foto Seite 179)

125 ml (1/8 l) Milch	zum Kochen bringen, über
50 g Vollkornzwieback	gießen, 10 Minuten ziehen lassen, mit
250 g Magerquark	
30 g Butter	
2 Eigelb	
1 TL abgeriebener Orangenschale (unbehandelt)	
25 g Cashewkernen	
2 EL Ahornsirup	pürieren
2 Eiweiß	steif schlagen, unter die Masse ziehen, in sechs kleine, gefettete Gratinförmchen füllen, auf dem Rost in den vorgeheizten Backofen schieben
Ober-/Unterhitze	etwa 200 °C (vorgeheizt)
Heißluft	etwa 180 °C (vorgeheizt)
Gas	Stufe 2–3 (vorgeheizt)
Backzeit	etwa 30 Minuten
	Für die Orangensauce
3 Orangen	bis auf das Fruchtfleisch schälen, vierteln, in Scheiben schneiden, dabei den Fruchtsaft auffangen, mit
6 EL ungesüßtem Sanddornsaft	
3 EL Ahornsirup	verrühren, Orangenstückchen unterrühren Küchlein heiß in der Form oder gestürzt mit Orangensauce servieren.

Pfirsichtörtchen

	Für den Knetteig
350 g Weizenmehl	in eine Rührschüssel sieben
100 g Zucker	
1 Pck. Vanillin-Zucker	
1 Prise Salz	
½ TL gemahlener Zimt	
50 g abgezogene, gehobelte Mandeln	
225 g weiche Butter	hinzufügen

	die Zutaten mit Handrührgerät mit Knethaken zunächst kurz auf niedrigster, dann auf höchster Stufe gut durcharbeiten, anschließend auf der Arbeitsfläche zu einem glatten Teig verkneten (sollte er kleben, ihn eine Zeitlang kalt stellen)
	den Teig dünn ausrollen, runde Platten (Ø 12 cm) ausstechen, in Tortelett-Förmchen (Ø 10 cm, gut gefettet) legen, andrücken, mehrmals mit einer Gabel einstechen, auf dem Rost in den Backofen schieben
Ober-/Unterhitze	200–220 °C (vorgeheizt)
Heißluft	etwa 200 °C (vorgeheizt)
Gas	etwa Stufe 4 (vorgeheizt)
Backzeit	etwa 15 Minuten
	die Törtchen sofort nach dem Backen aus den Förmchen lösen, erkalten lassen.
	Für den Belag
2 Blatt weiße Gelatine	nach Packungsanleitung einweichen
1 Pck. Pudding-Pulver Vanille-Geschmack	
40 g Zucker	
375 ml ($^{3}/_{8}$ l) Milch	nach Packungsanleitung (aber mit 375 ml ($^{3}/_{8}$ l) Milch) zubereiten, die ausgedrückte Gelatine hinzufügen, so lange rühren, bis sie gelöst ist, kalt stellen, wenn der Pudding anfängt zu gelieren
200–250 ml Schlagsahne	steif schlagen, unterheben
	die Creme in einen Spritzbeutel mit großer Sterntülle füllen, auf die Törtchen spritzen
8 kleine reife Pfirsiche	kurz in kochendes Wasser legen (nicht kochen lassen), in kaltem Wasser abschrecken, enthäuten, halbieren, entsteinen, in Spalten schneiden, auf die Törtchen verteilen.
	Zum Bestreichen
3 EL Aprikosenkonfitüre	durch ein Sieb streichen, unter Rühren aufkochen, die Pfirsiche damit bestreichen, die Törtchen mit
gehackten Pistazien oder abgezog. gestifteten Mandeln	bestreuen.

Pflaumentörtchen

(12 Stück)

	Für den Rührteig
150 g Butter oder Margarine	mit Handrührgerät mit Rührbesen auf höchster Stufe geschmeidig rühren, nach und nach
100 g Zucker	
1 Pck. Bourbon-Vanillezucker	
5 Tropfen Zitronen-Aroma	
1 Prise Salz	unterrühren, so lange rühren, bis eine gebundene Masse entstanden ist
3 Eier (Größe M)	nach und nach unterrühren (jedes Ei etwa ½ Minute)
25 g Speisestärke	mit
½ gestr. TL Backpulver	mischen, sieben, mit
125 g Weizenvollkornmehl	mischen, portionsweise auf mittlerer Stufe unterrühren, den Teig auf 12 gefettete, mit Semmelbröseln ausgestreute Brioche- oder Papierbackförmchen verteilen.
	Für die Füllung
6 Pflaumen	waschen, abtrocknen, halbieren und entsteinen jeweils eine von
12 Backoblaten (Ø 5 cm)	auf den Teig legen, mit jeweils 1 Pflaumenhälfte belegen und mit der Oblate etwas in den Teig drücken.
	Für die Mandelmasse
50 g Zucker	
1 Pck. Vanillin-Zucker	
4 Tropfen Bittermandel-Aroma	
1 EL Schlagsahne	
50 g Butter	unter Rühren aufkochen
75 g abgezogene, gehobelte Mandeln	unterrühren, nochmals kurz aufkochen, die Masse auf den Pflaumen verteilen, die Förmchen auf dem Rost in den Backofen schieben
Ober-/Unterhitze	etwa 180 °C (vorgeheizt, untere Einschubleiste)
Heißluft	etwa 160 °C (nicht vorgeheizt)
Gas	Stufe 2–3 (nicht vorgeheizt)
Backzeit	etwa 25 Minuten
	die Törtchen nach dem Backen 5 Minuten in den Förmchen abkühlen lassen, etwas vom Rand lösen,

	auf Backpapier stürzen, erkalten lassen und wieder umdrehen
	vor dem Verzehr mit
Puderzucker	bestäuben.
Tip	Anstelle der frischen Pflaumen können auch Pflaumen aus dem Glas verwendet werden. Zu den Törtchen Vanillesauce servieren.

Schokoladen-Orangen-Torteletts

	Für den Schokoladenteig
125 g Butter	mit
50 g Zucker	mit einem Handrührgerät mit Rührbesen auf höchster Stufe in etwa ½ Minute cremig rühren, nach und nach
3 Eigelb	unterrühren
125 g Weizenmehl	mit
1 Msp. Backpulver	mischen, sieben, mit
125 g geriebener Vollmilchschokolade	nach und nach auf mittlerer Stufe unterrühren
3 Eiweiß	steif schlagen, unter den Teig ziehen, in 8 ausgefettete Tortelett-Förmchen füllen, auf der mittleren Schiene in den Backofen schieben
Ober-/Unterhitze	etwa 200 °C (vorgeheizt)
Heißluft	etwa 180 °C (nicht vorgeheizt)
Gas	etwa Stufe 3 (vorgeheizt)
	Torteletts stürzen, abkühlen lassen.
	Für die Füllung
6 EL Milch	mit
1 EL Zucker	
1 Ei	
1 TL Speisestärke	
1 EL Orangensaft	
1 EL Orangenlikör	verrühren, in einen kleinen Topf geben, bei schwacher Hitze unter Rühren cremig werden lassen, im Wasserbad abkühlen lassen, in die Torteletts füllen
2 Orangen	bis auf das Fruchtfleisch schälen, aus der Mitte 8 große Scheiben schneiden, auf die Creme legen, mit
2 EL Puderzucker	bestreuen, auf dem Backblech auf der obersten Schiene in den Backofen schieben, bei gleicher Temperatureinstellung noch etwa 15 Minuten backen.

Rhabarbertörtchen

(12 Stück)

200 g Rhabarber	putzen, waschen, in kleine Stücke schneiden
200 g frische oder TK-Sauerkirschen	waschen, abtropfen lassen, entstielen und entsteinen (TK-Kirschen auftauen lassen).
	Für den Rührteig
125 g Butter oder Margarine	mit Handrührgerät mit Rührbesen auf höchster Stufe geschmeidig rühren, nach und nach
100 g Zucker	
1 Prise Salz	
abgeriebene Schale von 1 Zitrone (unbehandelt)	unterrühren, so lange rühren, bis eine gebundene Masse entstanden ist
2 Eier (Größe M)	nach und nach unterrühren (jedes Ei etwa ½ Minute)
250 g Mehl (Type 1050)	mit
2 gestr. TL Backpulver	mischen, mit
40 g abgezogenen, gemahlenen Mandeln	mischen, abwechselnd portionsweise mit
4–5 EL Milch	auf mittlerer Stufe unterrühren (nur so viel Milch verwenden, daß der Teig schwerreißend von einem Löffel fällt)
	den Teig in 12 Papierbackförmchen (Ø 6 cm, vorher auf ein Backblech stellen, am besten für jedes Törtchen 2 Papierbackförmchen ineinanderstellen, sie sind dann stabiler) füllen
	Rhabarber und Kirschen auf dem Teig verteilen und etwas in den Teig drücken, das Backblech in den Backofen schieben
Ober-/Unterhitze	etwa 200 °C (vorgeheizt)
Heißluft	etwa 180 °C (nicht vorgeheizt)
Gas	etwa Stufe 3 (vorgeheizt)
Backzeit	15–20 Minuten
2 EL Zitronengelee	mit
2 EL Wasser	aufkochen, etwas einkochen lassen, die Törtchen sofort nach dem Backen damit bestreichen, mit
2 EL gehackten Pistazienkernen	bestreuen.

Kleingebäck

Apfeltörtchen

(Foto Seite 180)

300 g TK-Blätterteig	zugedeckt bei Zimmertemperatur auftauen lassen die Scheiben aufeinanderlegen, etwa 3 mm dünn ausrollen und mit einem Glas oder einer Tasse Platten (Ø etwa 10 cm) ausstechen, die Blätterteigplatten auf ein mit Backpapier belegtes Backblech legen
4 säuerliche Äpfel	schälen, halbieren, entkernen und in feine Scheiben schneiden, die Apfelscheiben dachziegelförmig in die Mitte der Teigplatten legen, dabei einen kleinen Rand freilassen
	Äpfel mit
100 g Zucker	und
gemahlenem Zimt	bestreuen, das Backblech in den Backofen schieben
Ober-/Unterhitze	etwa 200 °C (vorgeheizt)
Heißluft	etwa 180 °C (nicht vorgeheizt)
Gas	Stufe 3–4 (vorgeheizt)
Backzeit	etwa 30 Minuten
	die Törtchen heiß oder kalt servieren.
Tip	Angeschlagene Schlagsahne oder Vanillesauce dazu reichen.

Birnen-Rosinen-Törtchen

(Foto Seite 178)

20 g Butter	und
80 g Zucker	in einem Topf so lange erhitzen, bis die Masse leicht gebräunt und der Zucker gelöst ist
60 g abgezogene, gehackte Mandeln	hinzufügen, unter Rühren erhitzen, bis der Krokant eine hellbraune Farbe annimmt, die Masse auf ein mit Öl bestrichenes Backblech gießen und erkalten lassen
4 EL Rosinen	in
2 EL Birnengeist	einweichen
300 g TK-Blätterteig	zugedeckt bei Zimmertemperatur auftauen lassen, die Teigscheiben aufeinanderlegen, ausrollen und je 4 Platten von 10 und 13 cm Durchmesser ausstechen, den erkalteten Krokant in kleine Stücke zerstoßen
	Krokantstückchen mit
2 EL Aprikosenkonfitüre	und Rosinen mischen, auf die kleinen Teigplatten verteilen, mit je einer von insgesamt

4 gedünsteten Birnenhälften belegen
die großen Teigplatten am Rand mit etwas von
1 verquirlten Eigelb bestreichen, über die Birnen legen und die Teigränder mit der Gabel andrücken, die Törtchen auf ein mit kaltem Wasser abgespültes Backblech legen und mit Eigelb bestreichen, das Backblech in den Backofen schieben
Ober-/Unterhitze etwa 200 °C (vorgeheizt)
Heißluft etwa 180 °C (vorgeheizt)
Gas Stufe 3–4 (vorgeheizt)
Backzeit etwa 20 Minuten
die Birnen-Rosinen-Törtchen lauwarm servieren.
Tip Mit Vanillesauce servieren.

Birnentörtchen

(8–10 Stück, Foto Seite 139)

150 g TK-Blätterteig nach Packungsanleitung zugedeckt auftauen lassen, ihn dann etwa 3 mm dünn ausrollen
2 nicht zu reife Birnen schälen, halbieren und entkernen
75 g Marzipanrohmasse in die Birnenhälften verteilen und glattdrücken
die Birnenhälften mit der Füllung nach unten auf den Blätterteig geben und den Teig mit einem Teigrad in Form der Birnen ausrädeln, dabei rund um die Birnen einen Rand von etwa ½ cm freilassen, den Teigrand an die Birnen drücken
die Birnen auf ein mit Backpapier belegtes Backblech legen, die Oberseite der Birnen einige Male längs einschneiden, mit
abgezogenen, gehobelten Mandeln spicken und mit
Hagelzucker bestreuen
das Backblech in den Backofen schieben
Ober-/Unterhitze etwa 200 °C (vorgeheizt)
Heißluft etwa 180 °C (nicht vorgeheizt)
Gas Stufe 3–4 (vorgeheizt)
Backzeit 30–35 Minuten.
Tip Die Birnentörtchen können auch heiß als Nachspeise serviert werden.

Mailänder Marzipan-Törtchen, Rezept Seite 165

Birnen-Rosinen-Törtchen, Rezept Seite 175

Quarkküchlein mit Orangensauce, Rezept Seite 168

Apfeltörtchen, Rezept Seite 175

Obstteilchen

(Foto Seite 100)

	Für den Quark-Öl-Teig
400 g Weizenmehl	mit
1 Pck. Backpulver	mischen, in eine Rührschüssel sieben
200 g Magerquark	
6 EL Milch	
6 EL Speiseöl	
100 g Zucker	
1 Prise Salz	hinzufügen, die Zutaten mit Handrührgerät mit Knethaken auf höchster Stufe in etwa 1 Minute zu einem Teig verarbeiten (nicht zu lange, der Teig klebt sonst) ihn anschließend auf der bemehlten Arbeitsfläche zu einer Rolle formen und in 16 gleich große Stücke schneiden, daraus Kugeln formen, flachdrücken und die Ränder mit den Fingern nach oben drehen, die Teigstücke auf ein mit Backpapier belegtes Backblech legen.
	Für den Belag
750 g Äpfel und Pflaumen	Äpfel gründlich waschen, abtrocknen, halbieren, entkernen und in Spalten schneiden, Pflaumen waschen, trockenreiben, halbieren und entsteinen, jedes Teigstück mit Apfelspalten und Pflaumenhälften belegen das Backblech in den Backofen schieben
Ober-/Unterhitze	etwa 200 °C (vorgeheizt)
Heißluft	etwa 160 °C (vorgeheizt)
Gas	etwa Stufe 3 (vorgeheizt)
Backzeit	15–20 Minuten
	die Teilchen nach der Hälfte der Backzeit mit
50 g Butter	bestreichen, mit
Zucker	bestreuen.

Brandteig-Kugeln

	Für den Brandteig
250 ml (1/4 l) Wasser	
60 g Butter	
1 Prise Salz	am besten in einem Stieltopf zum Kochen bringen
180 g Weizenmehl	sieben, auf einmal in die von der Kochstelle genommene Flüssigkeit schütten, zu einem glatten Kloß rühren, unter Rühren etwa 1 Minute erhitzen, den heißen Kloß sofort in eine Rührschüssel geben, nach und nach
3–4 Eier	mit einem Handrührgerät mit Knethaken auf höchster Stufe unterarbeiten
1 gestr. TL Backpulver	in den erkalteten Teig arbeiten, mit 2 Teelöffeln oder mit einem Spritzbeutel etwa 50 nußgroße Häufchen auf ein mit Backpapier ausgelegtes Backblech setzen, das Blech in den Backofen schieben
Ober-/Unterhitze	etwa 200 °C (vorgeheizt)
Heißluft	etwa 180 °C (nicht vorgeheizt)
Gas	etwa Stufe 3 (vorgeheizt)
Backzeit	20–25 Minuten
	die Kugeln sofort nach dem Backen halbieren, mit einer Küchenschere quer durchschneiden.
	Für die Füllung
8 Blatt weiße Gelatine	etwa 5 Minuten in kaltem Wasser einweichen
2 Pck. Pudding-Pulver Vanille-Geschmack	mit 8 Eßlöffeln von
750 ml (3/4 l) Milch	anrühren
	die übrige Milch zum Kochen bringen, das angerührte Pudding-Pulver unterrühren, zum Kochen bringen, von der Kochstelle nehmen, die gut ausgedrückte Gelatine unter den heißen Pudding rühren, erkalten lassen, dabei ab und zu durchrühren
250 g Sahnequark	
2 TL Flüssigsüße	unterrühren
	die Creme in einen Spritzbeutel mit kleiner Tülle füllen, die Brandteig-Kügelchen damit füllen.
	Für die Sauce
250 g Erdbeeren	waschen, entstielen, pürieren, mit
2 EL Zitronensaft	
1/2–1 TL Flüssigsüße	verrühren, die Sauce zu dem Gebäck reichen.

Eclairs oder Liebesknochen

Für den Teig

125 ml (1/8 l) Wasser
25 g Butter oder Margarine am besten in einem Stieltopf zum Kochen bringen
75 g Weizenmehl mit
15 g Speisestärke mischen, sieben, auf einmal in die von der Kochstelle genommene Flüssigkeit schütten, zu einem glatten Kloß rühren, unter Rühren etwa 1 Minute erhitzen, den heißen Kloß sofort in eine Rührschüssel geben, nach und nach
2–3 Eier mit einem Handrührgerät mit Knethaken auf höchster Stufe unterarbeiten, weitere Eizugabe erübrigt sich, wenn der Teig stark glänzt und so von einem Löffel abreißt, daß lange Spitzen hängenbleiben
1 Msp. Backpulver in den erkalteten Teig arbeiten, ihn in einen Spritzbeutel (große gezackte Tülle) füllen, etwa 6 cm lange Streifen auf ein gefettetes, mit Weizenmehl bestäubtes Backblech spritzen oder jeweils zwei fingerlange Streifen nebeneinander, einen dritten darauf spritzen
Ober-/Unterhitze 200–220 °C (vorgeheizt)
Heißluft 180–200 °C (nicht vorgeheizt)
Gas Stufe 4–5 (vorgeheizt)
Backzeit etwa 20 Minuten
sofort nach dem Backen von jedem Eclair einen Deckel abschneiden.

Zum Aprikotieren

etwas Aprikosenkonfitüre durch ein Sieb streichen, unter Rühren erhitzen, die Gebäckdeckel dünn damit bestreichen.

Für die Füllung

75 g Nuß-Nougatmasse in einem kleinen Topf im Wasserbad bei schwacher Hitze zu einer geschmeidigen Masse verrühren, etwas abkühlen lassen
250 ml (1/4 l) Schlagsahne 1/2 Minute schlagen
1 Pck. Sahnesteif einstreuen, die Sahne steif schlagen, die Nougatmasse eßlöffelweise vorsichtig unterrühren
die Nougat-Sahne in einen Spritzbeutel (gezackte Tülle) füllen, in die Eclairs spritzen, auf jeden einen Deckel legen.

Schokoladen-Bärchen

(Foto Seite 120)

	Für den Rührteig
125 g Butter oder Margarine	mit Handrührgerät mit Rührbesen auf höchster Stufe geschmeidig rühren, nach und nach
125 g Zucker	
1 Pck. Vanillin-Zucker	unterrühren, so lange rühren, bis eine gebundene Masse entstanden ist
2 Eier (Größe M)	nach und nach unterrühren (jedes Ei etwa ½ Minute)
175 g Weizenmehl	mit
2 gestr. TL Backpulver	
2 EL Kakaopulver	mischen, sieben, abwechselnd portionsweise mit
2 EL Milch	auf mittlerer Stufe unterrühren den Teig in die gut gefettete Bärchenbackform (35 x 26,5 x 3 cm) oder einzelne Bärchen-Backformen füllen, dabei die Vertiefungen nur zu ⅔ füllen die Bärchenbackform auf dem Rost in den Backofen schieben
Ober-/Unterhitze	etwa 180 °C (vorgeheizt)
Heißluft	etwa 160 °C (nicht vorgeheizt)
Gas	etwa Stufe 3 (vorgeheizt)
Backzeit	etwa 25 Minuten nach dem Backen die Bärchen aus der Form stürzen, auf einem Kuchenrost erkalten lassen.
	Für den Guß
75 g gesiebten Puderzucker	mit
1 EL Wasser oder Zitronensaft	verrühren, die erkalteten Bärchen damit überziehen die Bärchen nach Belieben mit
buntem Zuckerwerk	garnieren, z.B. Nasen aus Schokolinsen, Tatzen aus Streuzucker, Münder aus Zuckerguß.
Tip	50 g des Mehls durch gemahlene Haselnußkerne ersetzen und die Bärchen mit 200 g zerlassener Halbbitter-Kuvertüre überziehen.

Frucht-Eclairs

	Für den Brandteig
250 ml (¼ l) Wasser	
50 g Butter	am besten in einem Stieltopf zum Kochen bringen
150 g Weizenmehl	mit
30 g Speisestärke	mischen, sieben, auf einmal in die von der Kochstelle genommene Flüssigkeit schütten, zu einem glatten Kloß rühren, unter Rühren etwa 1 Minute erhitzen, den heißen Kloß sofort in eine Rührschüssel geben, nach und nach
4–6 Eier	mit einem Handrührgerät mit Knethaken auf höchster Stufe unterarbeiten, weitere Eizugabe erübrigt sich, wenn der Teig stark glänzt und so vom Löffel abreißt, daß lange Spitzen hängenbleiben
1 gestr. TL Backpulver	in den erkalteten Teig arbeiten, ihn in einen Spritzbeutel (große gezackte Tülle) füllen, jeweils zwei fingerlange Streifen nebeneinander, einen dritten darauf auf ein gefettetes, mit Weizenmehl bestäubtes Backblech spritzen, das Backblech in den Backofen schieben
Ober-/Unterhitze	200–220 °C (vorgeheizt)
Heißluft	180–200 °C (nicht vorgeheizt)
Gas	Stufe 4–5 (vorgeheizt)
Backzeit	etwa 20 Minuten
	sofort nach dem Backen von jedem Eclair einen Deckel abschneiden.
	Für die Füllung
2 gestr. TL gemahlene Gelatine, weiß	mit
2 EL kaltem Wasser	anrühren, 10 Minuten zum Quellen stehenlassen
1–1½ TL Finesse Orangenfrucht	zusammen mit der gequollenen Gelatine unter Rühren erwärmen, bis sie gelöst ist
6 EL Orangensaft	hinzufügen, abkühlen lassen
500 ml (½ l) Schlagsahne	fast steif schlagen, nach und nach die Orangen-Gelatine unterschlagen und die Sahne vollkommen steif schlagen
	etwas von der Orangen-Sahne auf die Unterseite jedes Eclair-Deckels streichen, die restliche Orangen-Sahne in die Eclairs geben, die Deckel mit der unbestrichenen Seite darauflegen

etwa 380 g Mandarinenspalten (aus der Dose) abtropfen lassen die Mandarinenspalten dekorativ auf den Eclair-Deckel anrichten.

Hahnenkämme

Für den Plunderteig

375 g Weizenmehl in eine Schüssel sieben, mit
1 Pck. Trockenhefe sorgfältig vermischen
50 g Zucker
1 Pck. Vanillin-Zucker
50 g zerlassene, lauwarme Butter
1 Ei
125 ml (1/8 l) lauwarme Milch hinzufügen, die Zutaten mit einem Handrührgerät mit Knethaken zuerst auf niedrigster, dann auf höchster Stufe in etwa 5 Minuten zu einem glatten Teig verarbeiten, auf der gut mit
Weizenmehl bestäubten Arbeitsfläche zu einem Rechteck von 50 x 40 cm ausrollen, die Hälfte von
125 weicher Butter darauf streichen, von der Teigplatte den linken Teil der langen Seite zu 2/3 und den rechten Teil zu 1/3 so zusammenlegen, daß beide Kanten aneinanderstoßen, dann den Teig von der längeren Seite zur Hälfte übereinanderschlagen, 15 Minuten im Kühlschrank ruhen lassen

den Vorgang unter Verarbeitung der restlichen Butter wiederholen, den Teig dann nochmals 15 Minuten in den Kühlschrank stellen

den Teig halbieren, jede Hälfte zu einem Quadrat von 36 x 36 cm ausrollen, jeweils in 12 x 12 cm große Quadrate schneiden.

Für die Füllung

200 g Marzipan-Rohmasse mit
50 g weicher Butter
1 Ei gut verrühren, auf die Mitte jedes Teigquadrats etwas von der Füllung geben, die Teigränder mit
verschlagenem Eiweiß bestreichen, über die Füllung klappen, etwas andrücken die Teigtaschen in Abständen von etwa 1½ cm leicht

	einschneiden, etwas auseinanderbiegen, auf ein gut gefettetes Backblech legen, etwa 30 Minuten bei Zimmertemperatur stehenlassen
1 Eigelb	mit
1 EL Milch	verschlagen, die Hahnenkämme damit bestreichen das Backblech in den Backofen schieben
Ober-/Unterhitze	etwa 200 °C (vorgeheizt)
Heißluft	etwa 180 °C (nicht vorgeheizt)
Gas	Stufe 3–4 (vorgeheizt)
Backzeit	etwa 15 Minuten.
	Zum Aprikotieren
2 EL Aprikosenkonfitüre	durch ein Sieb streichen, mit
2 EL Wasser	unter Rühren zum Kochen bringen, die Hahnenkämme sofort nach dem Backen damit bestreichen, etwas abkühlen lassen.
	Zum Glasieren
60 g gesiebten Puderzucker	mit
etwa 2 EL Zitronensaft	verrühren, die Hahnenkämme damit bestreichen.
Tip	Hahnenkämme, und auch alle anderen Plundergebäcke, schmecken frisch gebacken – noch lauwarm – am besten.

Holländisches Kaffeegebäck

	Für den Teig
300 g Butter oder Margarine	mit Handrührgerät mit Rührbesen auf höchster Stufe geschmeidig rühren, nach und nach
100 g gesiebten Puderzucker	
1 Pck. Vanillin-Zucker	
1 Prise Salz	
abgeriebene Schale von 1 Zitrone (unbehandelt)	unterrühren, so lange rühren, bis eine gebundene Masse entstanden ist
2 Eier	nach und nach unterrühren (jedes Ei etwa ½ Minute)
400 g Weizenmehl	mit
1 gestr. TL Backpulver	mischen, sieben, portionsweise auf mittlerer Stufe unterrühren den Teig in einen Spritzbeutel mit gezackter Tülle füllen, in eng untereinanderliegenden Linien auf ein

	Backblech spritzen, so daß jeweils die Form eines langgezogenen Dreiecks entsteht
Ober-/Unterhitze	180–200 °C (vorgeheizt)
Heißluft	160–180 °C (nicht vorgeheizt)
Gas	Stufe 3–4 (vorgeheizt)
Backzeit	etwa 15 Minuten
	die Hälfte der erkalteten Plätzchen auf der Unterseite mit
Aprikosenkonfitüre	bestreichen, die anderen mit der Unterseite darauf legen.
	Für den Guß
100 g Kuvertüre	kleinschneiden, mit
20 g Kokosfett	in einem kleinen Topf im Wasserbad bei schwacher Hitze zu einer geschmeidigen Masse verrühren, die Plätzchen mit der breiten Seite hineintauchen.

Schokoladenküchlein

3 Eiweiß	mit Handrührgerät mit Rührbesen auf höchster Stufe steif schlagen, eßlöffelweise
250 g feinkörnigen Zucker	
1 Pck. Vanillin-Zucker	unterrühren
125 g geraspelte Zartbitterschokolade	mit
250 g abgezogenen, gehackten Mandeln	mischen, vorsichtig unter den Eierschnee heben (nicht rühren) den Teig in Häufchen auf ein mit Backpapier belegtes Backblech setzen, in den Backofen schieben
Ober-/Unterhitze	130–150 °C (vorgeheizt)
Heißluft	110–130 °C (vorgeheizt)
Gas	Stufe 1–2 (vorgeheizt)
Backzeit	etwa 25 Minuten.

Kleine Hefezöpfe

275 g Weizenmehl	in eine Rührschüssel sieben, mit
½ Pck. Trockenhefe	sorgfältig vermischen
100 ml lauwarme Milch	mit
1 Döschen Safranpulver	verrühren, mit
½ TL Flüssigsüße	
50 g flüssiger Butter	
Salz	
1 Eiweiß	in das Mehl-Hefe-Gemisch geben, die Zutaten mit einem Handrührgerät mit Knethaken zu einem Teig verarbeiten den Teig zugedeckt 20–30 Minuten an einem warmen Ort so lange gehen lassen, bis er sich sichtbar vergrößert hat den Teig in acht Portionen teilen, diese zu etwa 50 cm langen Rollen formen, jede Rolle doppelt legen, zu einer Kordel drehen, die Teigkordeln um
8 hartgekochte bemalte Eier	legen, die Teigenden gut zusammendrücken, das Gebäck auf ein mit Backpapier belegtes Backblech setzen
1 Eigelb	mit
1 EL Milch	verschlagen, den Teig damit bestreichen, die Zöpfe nochmals an einem warmen Ort etwa 20 Minuten gehen lassen, in den Backofen schieben
Ober-/Unterhitze	etwa 200 °C (vorgeheizt)
Heißluft	etwa 180 °C (nicht vorgeheizt)
Gas	etwa Stufe 4 (vorgeheizt)
Backzeit	20–25 Minuten.

Blechkuchen & Schnitten

Kastenkuchen

Napfkuchen & Gugelhüpfe

Torten aus der Springform

Törtchen & Obsttorten

Kleingebäck